车博士书系·玩车汇

玩转汽车
改　装

李平　编著

机械工业出版社
CHINA MACHINE PRESS

《玩转汽车改装》一书针对广大车迷和车主最想了解的汽车改装的相关知识,以通俗、简洁的语言,配以精美的图片,专业而清晰地介绍了汽车改装的基础概况,汽车性能、外观及内部升级的改装知识和方法。书中还特别包括了世界主要改装车展的鉴赏和世界主要改装品牌的简介,希望有助于加深大家对于汽车改装的进一步了解。

本书的特点是内容新颖、实用性强,大量全新的改装汽车图片更以直观的方式诠释了汽车改装知识、汽车改装文化等的发展,带给读者视觉上的饕餮盛宴。本书适合汽车改装迷、汽车车主及汽车改装从业人员阅读使用。

玩转汽车改装

图书在版编目(CIP)数据

玩转汽车改装 / 李平编著 .—北京: 机械工业出版
社, 2013.8 (2025.6重印)
(车博士书系)
ISBN 978-7-111-43557-0

Ⅰ.①玩… Ⅱ.①李… Ⅲ.①汽车改装—基本知识
Ⅳ.① U472

中国版本图书馆 CIP 数据核字 (2013) 第 177947 号

机械工业出版社(北京市百万庄大街 22 号 邮政编码 100037)
责任编辑:李 军 孙 鹏 责任印制:单爱军
北京盛通数码印刷有限公司印刷
2025 年 6 月第 1 版第 11 次印刷
184mm×260mm·7.5 印张·149 千字
标准书号:ISBN 978-7-111-43557-0
定价: 39.80 元

FOREWORD 前言

汽车改装是一种文化

最初的汽车改装主要是为了提高赛车的性能,但这样的改装是为了让车辆性能发挥到极限,以牺牲车辆的寿命、油耗、舒适性为代价来达到追求极限速度的目的。

后来随着汽车工业的快速发展,汽车技术和制造同质化的现象越来越严重,汽车零部件的供应趋向高度集中,这就让生产出的汽车越来越没有了独特的个性。而人们的消费需求越来越向差异化方向发展,汽车也不再只是简单的代步工具,于是部分车主就通过汽车改装来表达自我的独特爱好,汽车改装也逐渐成为普通车迷生活中不可或缺的组成部分。无论追求纯粹驾驶乐趣的汽车性能改装,凸显车主鲜明个性的外观升级改装,还是体现车主精致实用的内部升级改装,都成为一种多元化追求的体现。而以汽车为载体的文化现象得到了延展,汽车改装成为了一种时尚,也渐渐形成一种汽车改装文化。

汽车改装也是产业文化、社会文化和时代文化的折射。目前德国、美国和日本等一些发达国家的汽车改装业已经进入一个多元化、个性化、高科技的时代,这反映出这些国家汽车改装市场的成熟、汽车文化的浓厚和汽车消费环境的宽松。与之相比,近年来随着国内汽车市场的快速发展和人们对汽车消费理念的日渐成熟,国内的汽车改装市场也显示出了很大的发展潜力。一些年轻的汽车消费者在追求汽车驾驶的舒适性和娱乐性的同时,开始追求一种体现个性、表现自我的汽车文化。而汽车改装正切合了这种精神,这也推动了国内汽车改装及其文化的发展。

虽然我国在改装技术上与国外还有很大差距,在改装的专业技术和保证改装车辆的安全方面亟待改进和提高,但相信随着国内经济水平及汽车文化发展的更加深入,汽车改装管理的逐渐完善,改装技术专业化程度的提高,国内汽车改装市场将会发展成全球最大的改装市场之一。

编者

CONTENTS ▶ 目录

第一章　汽车改装概述

1　什么是汽车改装

一般而言,汽车改装是指以汽车品牌文化为特征,以特性偏好为取向,在量产车型的基础上,结合造型设计理念,运用先进的工艺及成熟的配件与技术,对汽车的实用性、功能性、欣赏性进行改进、提升与美化,并使之符合汽车全面技术标准,最终满足人们对汽车这种特殊商品的多元化、多用途、多角度需求的一种市场形态。

随着汽车运动的发展,汽车改装被越来越多的人所认知,汽车改装最大可能地强化和提升了车辆的性能极限空间,并作为一种汽车文化得到广泛延伸,得到了越来越多私家车主的认同与追捧。在美国、德国及日本等汽车工业发达国家,汽车改装已经实现产业化,汽车厂家每生产出一款新车,其配套的改装配件及技术便应运而生,以满足车主更多精细化的需要。而体现车主张扬性格、追求驾驶乐趣、增强车辆安全、突出个性外观、延伸实用需求的汽车改装产品、技术及服务也得到了迅速发展,并形成了汽车改装市场。

编者提醒

赛车也是经过规范的改装后才准许参加比赛的,这样做的目的主要有:

① 增加车辆的安全性。如抵抗碰撞、翻滚、失火等的能力。

② 提高比赛能力。如提高加速性能、转弯稳定性能、制动性能、通过性能和操控性能等。

③ 减小自重及风阻系数。

② 汽车为何要改装

或许一般人都觉得汽车改装与自己的关系不大，认为汽车厂家在生产汽车时就应该按照汽车销售的价格，把使用者所需要的装备都装配在了汽车上。所以在提到汽车改装时，很多人都会以为这是赛车手的专利。实际上，汽车改装在一些发达国家已经发展了多年，并拥有大批的拥护者。车主们往往通过改装自己的爱车，来体现自我的独特个性。而且汽车改装有如此大吸引力的原因主要是它不仅仅简单地改变了汽车的某些部件，更重要的是它代表了车主对汽车本身的爱好以及对汽车文化的理解。

而由于不同车辆之间存在性能方面的差异，车主对汽车改装的理解和目标不一样，所以汽车改装的内容、方法也是不同的，项目可简可繁，花费可多可少，每个人可以根据车辆的具体情况和个人经济实力、兴趣爱好等制订适合自己的改装方案。

编者提醒

真正意义上的汽车改装不外乎两个目的：
① 提高汽车的各项技术性能。
② 体现车主与众不同的个性及用车理念。
围绕这两个目的而进行的汽车改装涉及汽车性能、汽车外观及汽车内部等多方面。

❸ 汽车改装的分类

根据改装目的不同,汽车改装一般可以分成四类,各有其特有的目标指向性。

▲ 性能升级改装

车主在驾驶车辆过程中,针对自己感觉到不满意的环节对车辆进行改装升级,从而提高车辆的部分性能,增强车辆的安全性。例如更换大尺寸的轮胎、更换制动系统等。

▲ 运动与竞技改装

这类人群追求速度的激情,渴望车辆有强大的动力,苛刻地要求操控表现,关注驾驶的运动与竞技感受。他们非常喜爱各种赛事,一般都是发烧级的车迷,并梦想成为一名车手。他们将自己的车完全比照赛车来改装,以求能够在赛道上挥洒激情。

▲ 机械兴趣改装

这类人群对车辆的升级改装完全是对机械的一种理解与偏爱,自己调整安装,研究各种升级改装部件,感受升级改装车辆的细节乐趣。从机械调控中寻找与实现自我的一种追求。

▲ 时尚改装

这类人群一般个性自我,喜欢寻求时尚、品味改装的感觉,对车辆升级改装的部件也有品质上的要求。

编者提醒

汽车改装在我国起步较晚,现在实施的新《机动车登记规定》部分放开了对汽车改装的限制,但专家提醒一定要去正规、专业的改装店或工厂进行改装。

4 国外汽车改装的发展状况

汽车改装在一些发达国家发展得已经非常成熟。现在,世界各大著名汽车厂商都有它们的专业改装厂和改装品牌,个性化改装已形成了独特的汽车文化,汽车改装也形成了产业化,并成为汽车相关产业链中的一个重要组成部分。

国外对汽车改装都有明确的细则标准,一般只要具备改装条件,就可以申请注册汽车改装工厂,有了营业执照,就可以按批准项目合法进行汽车改装。改装时通常是由追求个性化的车主提出改装方案,再交给汽车改装工厂进行科学严谨的技术设计和加工,然后经过车检部门检验合格,发给改装车牌照。

▲ 美国汽车改装

在美国可以对车辆进行外观的改装,例如加装大包围、加装尾翼和换装异形灯具等。也可以对车辆内部装饰进行升级,例如更换高档桃木内饰和真皮座椅等。另外还可以对车辆的性能进行改装,例如提高发动机

的动力,更换制动系统和悬架系统等。并且汽车厂家也会生产一些专门的改装配件,提供给世界各地的消费者。

▲ 德国汽车改装

德国的汽车工业起步较早,汽车改装的历史也非常悠久,汽车改装业非常规范,很多汽车公司都有自己认证的改装厂。德国的埃森每年会举办一次盛大的国际改装车展,与美国和日本不同的是,埃森改装车展侧重于通过改装车辆来展示车主的想象力。

▲ 日本汽车改装

日本的汽车改装借鉴了欧美国家的特点,追求夸张的外观和性能的极限。但日本相关的汽车改装法律法规并没有欧美宽松,所以在日本有众多游走在法律边缘的地下改装厂进行汽车改装。

编者提醒

据有关资料统计,目前发达国家私人汽车的改装率已经达到了80%。汽车厂商一旦有新车下线,便会随之产生出一系列的改装方法和相应的配件。

⑤ 我国对于汽车改装的相关法规

在我国，随意改装很可能通不过年检，所以汽车改装一定要在符合相关法规的前提下进行。当前，交管部门对汽车改装的限制要求依然比较严格，汽车排量等涉及汽车技术参数部分绝对不能私自改装。

身或者车架的还要提交机动车安全技术检验合格证明。

3）车贴面积不能超过车身总面积的30%，超过了就必须到相关部门报批。

4）车的外观不能大幅改动,要求与行驶证上的照片基本保持一致。

▲ **我国法律法规对汽车改装作出了限制**

1）汽车型号、发动机型号、车架号不能改,不能破坏车身结构。

2）汽车改变颜色,更换发动机、车身或者车架的,必须交验汽车,更换发动机、车

编者提醒

目前我国改装汽车一般有两种情况:

① 指定专门生产改装汽车的厂家,用国家鉴定合格的发动机、底盘或总成,重新设计、改装与原车型不同的汽车。

② 已领有牌照的汽车,为了某种使用目的,在原车总成的基础上,进行一些技术改造。

6 汽车性能改装要慎重

▲ **外观改装需符合相关法规,动力勿随便改装**

1) 可以对车身颜色、发动机、燃料种类、车架号码等进行改装,但有三种颜色属于特种车专用颜色不能使用。红色为消防专用,黄色为工程抢险专用,上白下蓝为国家行政执法专用。

2) 更换前保险杠属于改变汽车外形,经过审批后是可行的,但对升高底盘等提升汽车越野性能的改装是不允许的。年审中一旦发现违规改装,必须恢复原状。

3) 加宽轮胎、进气系统、排气系统等改装是不允许的。根据公安部《机动车登记规定》有关规定,在用汽车轮胎规格、改装进气系统、排气系统都不是国家允许的变更项目。如在用汽车进行上述改装,可

能会改变发动机功率,影响到行车安全,对进行非法改装的机动车所有人,将依法处以500~1000元的罚款,并责令其恢复原状。

4) 申请变更所需要提交的材料及手续:填写《机动车变更登记申请表》,然后提交机动车所有人及驾驶人身份证明和《机动车登记证书》《机动车行驶证》,申请办理变更登记机动车的标准照片。

▲ **内饰装饰方面应尽量遵循以下原则**

1. 协调

饰品颜色必须和汽车的颜色相协调,不可盲目追求高品位、高价位,以免弄巧成拙。比如浅色车的内部配以深色的座套及红色的地毯等。

2. 实用

根据车内空间的大小，尽可能地选用一些能充分体现车主个性的小巧、美观、实用的饰物，如茶杯架、香水瓶、储物盒等。

3. 整洁

车内饰品应做到干净、卫生、摆放有序，给人一种轻松、舒适的感觉。

4. 安全

车内饰品绝不能有碍驾驶人的安全行车或乘员的安全，如车内顶部悬挂物不宜过长、过大、过重；后窗玻璃上的饰物不要影响倒车视线等。

5. 舒适

车内饰品的色彩和质感要符合车主的审美观，香水气味要清新，不宜太浓等。

编者提醒

汽车改装是一种文化，是一种精神，是一种享受，也是对汽车的一种理解。它没有固定的模式，但它受车主的经济实力、改装配件的供应和汽车年审制度三个因素的制约。在改装的过程中，车主一定要慎重。

第二章 汽车性能改装

汽车性能改装是在兼顾车辆的安全性、经济性、舒适性和操控性的基础上,利用一些改装件的加装或更换原车的零部件,将车辆的性能提升到一个更高的层次。有时为了达到改装的目标,在改装后还需要进行适当的调校,并配合一些其他相应的改装。

1 发动机进、排气系统

在各种提高汽车动力输出的改装方法中,更换高性能的进、排气系统,令发动机"进得多,排得快"是最简单而效果最明显的方法。

1. 进气系统的改装

进气系统包括空气滤清器、进气管、进气歧管及气门机构等。进气系统的改装基础就是要提高发动机的容积效率。要达到这个目的通常可以采用以下几种改装方式。

▲ 空气滤清器

进气系统改装的入门工作就是换用高效率、高流量的空气滤清器。换装高流量的空气滤清器滤芯可降低发动机进气的阻力,同时提高发动机运转时单位时间的进气量及容积效率,而由供油系统中的空气流量计测量出进气量的增加,将信号送至发动机电子控制单元(ECU),ECU便会控制喷油器喷出较多的燃油与之配合,让较多(不是较浓)的油气混合气进入气缸,从而达到增大动力输出的目的。

如果换装了空气滤清器滤芯仍不能满足动力输出的需求,可将整个空气滤清器总成换成俗称"香菇头"的滤芯外露式空气滤清器,进一步降低进气阻碍,增大发动机的"肺活量"。

▲ 进气管

进气管的改装可分成形状及材质两方面，改变进气管形状的目的在于进气蓄压（以供急加速时节气门突然全开之需）及增加进气的流速。但这类产品通常有特殊性的限制，也就是说用于A型车的若装在B型车上并不一定能发挥出最佳的效果。

目前最常用的材质是碳纤维，它的隔热特性能让进气的温度不受发动机室的高温所影响，使进气密度较高，即单位体积的含氧量增加，从而提高发动机的输出动力，唯一缺点是价格比较高。一般的进气管改装是形状及材质同时改，以求实现最佳改装效果。

▲ 进气歧管

在赛车发动机上需要的是牺牲低转速时的动力输出，获得高转速时的动力表现，因此将进气歧管尽量缩短并取消空气滤清器，充分消除进气阻力，以求得最佳的高速表现。传统式后方进气、前方排气布置形式的发动机，在换装直喷式进气歧管后，所面临的最大问题是如何由车外导入足够的新鲜空气。直喷式进气歧管与经过空气动力学设计的碳纤维进气管是最佳的组合。尤其在将发动机高度降低后，利用发动机上方所空出的空间，安装一个较大的进气导管，让空气能够更有效地经过后面的进气歧管。

▲ 二次进气

目前有许多利用二次进气原理制成的产品。之所以称它为"二次进气"，是因为除了原有从空气滤清器吸入的空气外，另外再利用进气歧管的真空压力差，从发动机曲轴箱强制通风（PCV）管路外接另一个进气装置，导入适量的新鲜空气，从而达到提高容积效率的目的。二次进气所能得到的动力提升效果最主要的是在发动机低转速阶段，因为在节气门全开、空气大量进入、真空度降低时，二次进气装置所能导入的空气量就变得微不足道了。

编者提醒

进行大幅度的进气系统改装时，必须考虑与供油系统的配合问题。如果只是大幅增强进气能力，而供油系统无法提供足够的供油量与之配合，则势必无法达到提高动力的目的，因为发动机所需的是比例适当的油气混合气，而不只是大量的空气此外在实用上必须考虑噪声的问题，我们一般谈到噪声都只想到排气管所产生的声浪，而忽略了进气也会产生一定的噪声。

2. 排气系统的改装

在进气和排气系统改装中,车主们更青睐排气系统的改装,因为不仅可以看到小钢炮般形状的尾管露在车身后面,而且更有一些听觉的刺激感。

▲ 排气歧管

排气歧管一般是改装排气系统中最昂贵的部分,由于它对长度、弯度和口径的严格要求,从而让开发和制作成本很高。但排气歧管的设计优良与否对整个排气系统的效果有着举足轻重的影响。以四缸发动机为例,传统的设计都是四根排气歧管直接汇总成一根排气管(4-1形式),这样有助于提升高转速时的动力输出。而每两根排气歧管先汇总成一根管,汇总成的两根管最终再汇总成一根排气管的设计(4-2-1形式),则有利于低转速时的转矩输出,较适合日常行车之用。但现在很多新设计的4-2-1形式排气歧管都能同时改善发动机的中、高转速表现。

▲ 三元催化转化器

它的主要作用是净化发动机废气中的碳氢化合物、一氧化碳和氮氧化合物。新款的三元催化转化器并不会对排气流速产生多少阻碍,但现在很多改装车都把它拆掉了,这样不但会让排放超标,还可能令部分有自我诊断功能汽车的ECU发出错误信号,从而影响正常行车。所以建议改装排气系统时保留三元催化转化器,如果实在想改,可以换一个改装专用的高性能三元催化转化器,但这样费用可能较高。

▲ 排气管

单单换装消声器不会让车辆的动力增加很多,但如果把整段排气管更换成高性能排气管,则会对动力的提升有不少帮助(特别是发动机经过改装)。高性能排气管

少也要和消声器一起换。中段排气管原是系统中最便宜的部分，但加上了三元催化转化器就不一样了。

▲ 消声器

大部分的排气改装都是从消声器改装开始的，高档的消声器采用不锈钢，甚至是钛合金制造。改装消声器除了比原装铸铁消声器更轻、更耐用外，也是整个排气系统中最吸引人的部分，它不仅可以从车外看到，而且还能发出特有的音频和声响。消声器大致可分成两类：

1）利用交错隔板形成的反射波来降低音量，原厂消声器几乎都是这种类型，它的优点是成本低且消声效果好，缺点是排气阻力大而笨重。

2）用玻璃棉等吸声材料来消声的高性能消声器，它的优点是限流少、重量轻，缺点是消声效果较低，因此一般都会有较大的排气声，但排气声的大小和发动机的性能并没有直接关系。

另外，消声器末端的排气管口径也要配合前端排气管的直径，太大并不会有实际的效果。

比原装的排气管粗壮，内壁较光滑，弯曲度较小，这些设计令发动机在高转速时产生的大量废气能顺畅、高速通过，明显地提升了排气效率。但要注意，直径过大的排气管会影响回压效果并使废气降温太快，减慢流速之余更减小了排气管的离地间隙。一般说来，如果发动机没有经过大幅度改装，那么排量在2升以下的自然进气发动机的排气管直径就不应超过50毫米，而2升涡轮增压发动机的也应该在70~80毫米之内。中段排气管没有单独更换的必要，要换至

编者提醒

一套好的改装排气系统并不能提升车辆的动力输出，它只会减少发动机动力的流失，但相对原装或设计不好的，甚至是赝品改装件来说，改装排气管后的车辆实际输出动力会有明显的增加。

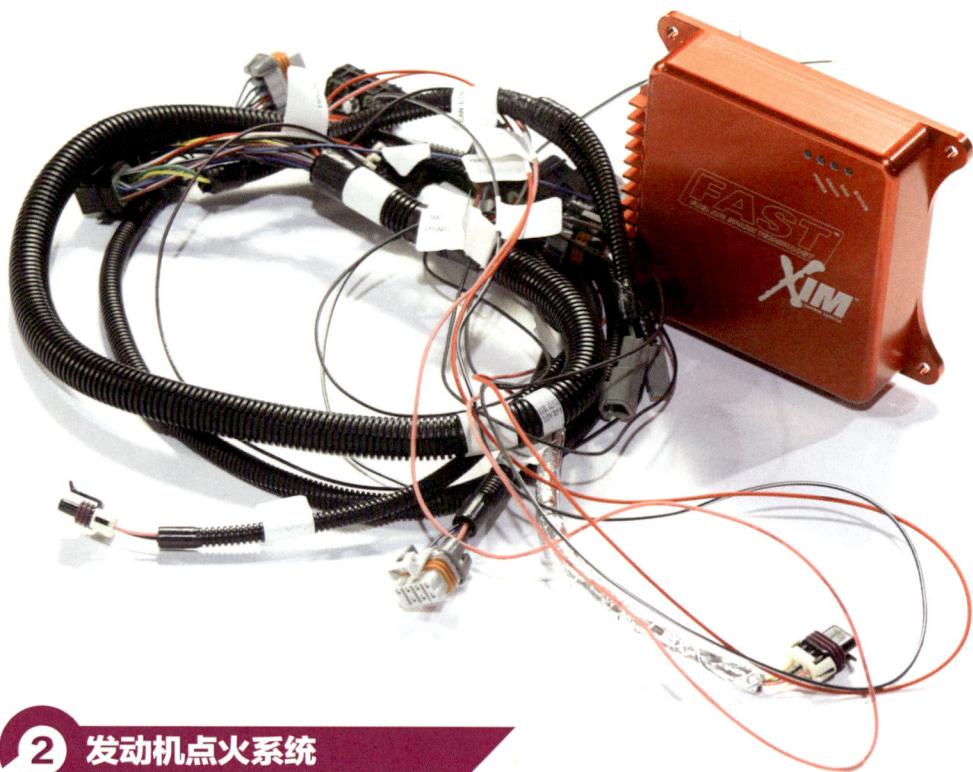

❷ 发动机点火系统

点火系统的作用是在任何发动机转速及不同的发动机负荷下，均能在适当的时机提供足够的电压，使火花塞产生足以点燃气缸内混合气的火花，让发动机得到最佳的燃烧效率。

一般车辆由于受燃油经济性、排放性能等多方面的影响，厂家只能将发动机点火时间调整到一个比较均衡的水平，在此过程中牺牲车辆部分动力是必然的。要想提升这部分动力，就必须对控制发动机点火时间的电子控制单元重新进行调整，这正是专业赛车改装的重点。而对于一般车友来说，通过更换点火系统部件，降低点火能量传输损耗，提高动力性，这种改装方法相对更实用。

▲ 火花塞

它的作用是强迫点火线圈产生的高压电流通过一个电极间隙，从而产生火花来点燃燃烧室内的混合气，因此对火花塞的性能要求是产生的高压电流越强越稳定越好。常见的火花塞都是以电极的材料来区分种类，例如普通火花塞、铂金火花塞、铱金火花塞。普通火花塞的电极材料一般由镍锰合金制成，价格便宜，被汽车生产厂家广泛应用。铂金和铱金材料的熔点接近2000℃，其稳定性和抗烧蚀性比镍都要好，在极高转速的高温、高压下，依然能提供准时、强劲的火花，这两种材料的火花塞可实现10万公里内免检查更换，给用车带来极大的方便，因此受到众多改装车友的青睐。不过毕竟是稀有金属，售价都比较贵，普通镍锰合金火花塞也就是几十元一支，而原厂的铂金火花塞则要上百元，铱金火花塞更贵。改装时具体选择哪种火花塞，要综合考虑自己车的车况和开

车习惯,没有必要盲目跟风。

▲ 高压缸线

一般原厂高压缸线(点火线)在控制电磁干扰时,由于成本关系会使用电阻值较高的包覆材科,但这却会降低导线的传输效率,造成电流的损耗。若改用硅树脂等高品质材料来包覆,粗壮的高性能高压缸线便可在控制电磁干扰之余改善电阻,降低电流损耗。

▲ 点火线圈

点火用的高压电流由点火线圈产生。原厂使用的大都是电感线圈放电系统,原理是以一定的电流向线圈充电,形成高压电后在分电器触点接通的瞬间击穿相应气缸内火花塞串极之间的气体产生火花。这种设计的缺点是储存电能需要一段较长时间,在高转速时系统会因充电时间不足而致使火花能量变弱,从而让车辆损失动力。针对这一点最根本的改善方法是换成电容放电式点火系统,即CDI。它是利用每次的点火间隔,将点火能量储存于电容器中,点火时再一次释放,因此比起传统的点火系统能产生更大的点火能量。CDI的产品中知名度较高的有ULTRA、MSD(多重火花放电)

等,其中MSD在一次点火放电的过程中可产生多次连续的高压放电,点火能量可达一般点火系统的十倍。不过CDI涉及的技术比较复杂,而且在日常用车中最常用的中低转矩下帮助不是很大,所以只适合在重度改装车和赛车里应用。

对于一般车友来说,把原厂的开磁式线圈改为E形铁心的闭磁式线圈会更方便而有效。这种闭磁式线圈的特点是磁力线封闭在铁心内,能减少漏磁并产生更高电压,令火花塞产生更强的火花。这类线圈体积小,在改装时容易在发动机室内找地方安置,是一项难度不大但具实效的改装。

③ 发动机燃油供给系统

　　发动机燃油供给系统的主要作用是根据发动机的工作状况适时地供给适当比例的燃油，以满足发动机在不同工况下的工作需求。燃油供给系统的工作状况会直接影响发动机整体的工作效率，对发动机的燃烧效率、燃油消耗、动力性能产生很大的影响。

　　由于原车的燃油供给系统是考虑了废气控制、油耗经济性、运转稳定性、发动机材料耐用性以及生产成本等所得的设定，所以在动力的输出表现上，往往无法达到那些注重性能的使用者的需求，这时就有赖于对燃油供给系统进行改装来达成。以下我们就针对发动机燃油供给系统的改装项目，一一说明。

▲ 燃油增压

　　这种方式主要是通过加装燃油增压器来调节喷油的内压，改善汽油喷射的雾化程度，汽油的雾化程度决定了它和空气的混合效果。因此，汽油雾化得越好，就越有利于与空气混合并充分燃烧。

　　燃油压力调节器的作用是控制油路的压力，使其保持一定压力并将多余的燃油通过回油管导回燃油箱。通常原厂会把油压控制在0.22~0.27兆帕，通过加装燃油增压器可以使喷油压力增加0.1~0.3兆帕，使喷油器喷出的燃油雾化率（燃油解析度）得到提

高,让喷出的燃油粒子更细,与空气混合更加均匀,从而提高燃烧效率,改善动力输出。

现在市场上常见的燃油增压器大致分为可调式和物理式两种。

1) 可调式燃油增压器具有压力调节的功能,可根据不同的改装程度对供油压力进行适时调节,但其调校及维护都要由专业人员来完成,否则会造成发动机损毁或火烧车的危险,因此一般常用于赛车或重度的改装中。

2) 物理式燃油增压器安装简单,免维护,而且这种燃油增压器不需要调校,其压力事先就已核定好,喷油器的汽油雾化效果更好。一体式的设计更可避免漏油的危险,所以在对油路的众多改装方式中,加装物理式燃油增压器是一个行之有效的方法,更适用于民用车型的性能改装中。

▲ 燃油追加

这种方式主要是通过控制燃油供给量,提高气缸内燃油比例,从而获得更大的爆发力,使汽车拥有更强的动力。

发动机要爆发出更大的动力就需要燃烧更多燃油,因此,提升动力的另一个方法就是对发动机内注入更多燃油。追加燃油的方法可分为软件的改装和硬件的改装。

1) 软件的改装主要通过更改行车电脑的供油程序或加装附加的控制仪器来达成。

2) 硬件的改装主要通过更换油泵或喷油器,甚至增加喷油器等方法来完成。

但不管何种方式都是以牺牲耗油量来达成的,并且花费不菲,所以一般多用于重度的改装中。当然,其中的取舍还是要靠自己的衡量。作为非竞技车主都不希望以牺牲油耗来提升动力,尤其是燃油作为一种不可再生资源,其价格也是一路攀升。而且使用燃油追加方式通常需要更改行车电脑,不仅需要较高水准的技术,对汽车稳定性有可能会留下后遗症,从各方面考虑,不适合民用。

编者提醒

油路改善只是发动机性能提升的一个方面,要提升整车性能必须从进排气、供电点火以及相应制动系统综合考虑这样才能既提高汽车动力、操纵性能,又能保证行车安全。同时,专业人士也指出,由于市场上的产品繁多,其中也不乏伪劣产品,而且油路以及相关系统的改装存在一定危险性,稍不谨慎有可能造成严重的后果。因此,大家应选择有良好信誉的专业店进行改装,才能安心享受改装带来的驾乘乐趣。

4 发动机气门

目前的改装用气门通常用钛合金作为材料，以求满足强度和轻量化的要求，但是一套钛合金的气门价格并不低。而有的是将气门的背部切削或用中空的设计以达到轻量化的目的，又有时会把气门表面做成漩涡状，以利于在气门开启时能形成气体的流动。气门的热量可经由与气门座接触时由气门座传出，达到散热的目的，这是气门最重要的散热途径。因此，气门座的配置必须非常谨慎，假如太靠近气门的边缘或是气门边缘太薄了就可能造成密封不良。此外气门套管和气门间的精密度及表面平滑度，气门摇臂与气门杆尾部间的表面精度都必须严格要求，否则在高转速时将会导致严重的损害。

气门弹簧的刚度设定必须恰到好处，要兼顾气门的密封又不能造成开启时的困难。如果弹簧刚度过大，会使凸轮轴开启气门时负荷过重，这对动力的输出是非常不利的。气门的固定座也是个潜在的问题，这个装置是用夹子把弹簧固定在气门上，这对急加速或在扬程大的发动机上会造成扭曲或断裂，因此也必须配合作改变。原厂的气门摇臂在发动机转速上限提高及气门正时改变时就会满足不了需求，对改装过的发动机来说强化的气门摇臂是必需的，扬程太大的凸轮轴会造成气门摇臂的扭曲，因此强度的提升及轻量化都是必需的。对一般的气门来说，滚筒式的摇臂能减少与气门座接触表面的压力，也能承受较高的压力。通常气门摇臂若有圆滑的表面和滚动的轴承，会使运转时的摩擦阻力变小，摩擦阻力越小所消耗的动力就越少。

编者提醒

气门改装的原则是在不影响强度的情况下，尽可能地减轻气门的重量。动作精确的气门是高性能发动机的基本要件，专业改装厂通常会提供不同的气门组合来让消费者选择，发动机改装项目越多，气门机构的精确度要求就会越严格，所以设定气门时必须要同时考虑与凸轮轴及气门摇臂的配合。

⑤ 活塞、活塞环

现代的活塞主要有铸造和锻造两种，虽然铸造活塞比锻造活塞制造成本低，但却无法承受较大的热度和压力。通常改装厂在设计锻造活塞时，都会同时利用改变活塞顶部的形状来达到提高压缩比的目的，但问题是选择锻造活塞时多大的压缩比才是适当的。以汽油发动机来说，压缩比超过12.5:1时燃烧效率就不容易再提升。利用活塞顶部的形状改变来提高压缩比时，随着压缩比的提高会使气缸顶部燃烧室的空间变小，可能导致爆燃的发生。对高压缩比活塞来说，由于必须保留气门作动所需的空间，因此会在活塞顶部切出气门边缘形状的凹槽，如果没有这个凹槽，当活塞到达上止点时可能就会打到气门，因此改装了高压缩比活塞后对气门动作精确度的要求就必须非常严格。凹槽的大小也必须配合凸轮轴及气门摇臂的改装

而改变。

不锈钢及特殊合金的活塞环已广泛应用在赛车及改装套件市场，这些特殊设计的合金活塞环可以在活塞上行时释放压力，但在往下做功行程时却能保持密闭的状态以维持压力。这种活塞环虽然贵，但是却能有效地提高发动机效率。

编者提醒

由于活塞与活塞环是在高温、高压、高速及临界润滑的状态下工作，因此长久以来改装厂都为了提供最佳设计而努力，但发动机的性能是所有机件整合的结果，因此选择活塞套件时必须考虑凸轮轴的正时角度和燃油供给系统的配合才能找出最佳搭配组合。

6 发动机电子控制单元

发动机电子控制单元（ECU）专门管理供油、点火、增压值等工作。发动机经过改装之后是否需要更换ECU，需要看改装幅度有多大。如果幅度不大，通常只需要修改原有ECU的设定便能够满足。幅度大的话，则需要安装升级ECU。这类升级ECU除了应对发动机改装的能力高，还可解除车速限制，也可调校转速限制器。由于ECU决定了发动机能否正常运作，少许偏差便足以令发动机反应不良或受损，因而重新编程时必须由专家操刀。

现在一般的发动机都是电控喷射发动机，因此全车各种电子系统的运作，都需交由ECU掌控，如控制ABS、电子节气门、防盗器、空调系统等与发动机运转息息相关的程序系统也在其中。除了发动机硬件外，

ECU也必然是影响动力输出的关键。

原厂车在设计发动机的软硬件时，除了动力输出，还考虑到经济性、实用性、油耗以及越发严格的排放标准，因此在ECU的调校和设定上趋于平衡。这时，为了使车子的动力更强，最直接最有效的方法莫过于改装ECU了。近年来，这种方法大受改装车主的欢迎，原因除了直接有效外，更重要的是性价比极高，并且从外观上根本无法令人察觉。

市场上有不少品牌的ECU改装方法：一种是通过换装芯片或直接更新为由专业工程师测试编写的对应某一车型的套餐程序；还有一种就是加装外挂电脑硬件，按需要自行编写和设定程序。相对于第一种软件改装，外挂ECU的最大优点便是可针对需求，随时调整高速供油、点火时间等。其多样化的功能，使它成为重度改装车的首选。

现在有能力为客户提供量身设定ECU程序的改装店不多。主要原因是这些改装店无法像专业ECU厂商或专业赛车队一样，通过测功机等专业仪器进行测试调整，而只能在路上"边跑边改"，在实际测试中调整。

编者提醒

"有一套好的空燃比表，就容易把ECU调好。"这种冒险的改装方式逐渐被很多人所认同，但是假如只依靠简单的仪表，没有功力深厚、经验丰富的编程测试工程师来改装编程，是很容易损伤发动机及其他部件的，甚至会有车辆报废的危险。因此对于一般的 ECU改装，选择一款适合自己车型的编写好的套装程序绝对是最保险、最合乎成本效益、最事半功倍的方法。

7 涡轮增压器

安装涡轮增压器的目的是为了提高进气量。涡轮增压是由一整套系统组成的，我们先来说说最关键的涡轮本体。涡轮本体安装在排气支管上，靠发动机燃烧后的废气来推动叶片转动，排气侧的叶片转动带动吸气侧的叶片转动，从而压缩从进气端吸入的空气并送入气缸中。发动机转速越高，排出废气的速度越多越快，涡轮转动的速度也就越快，同理，压缩的新鲜空气也就越多。涡轮增压器在工作时转速非常高，温度也很高，进入涡轮的空气被压缩温度也会上升，温度高时空气密度就会变小，不利于燃烧，这就需要涡轮的附属套件了，尤其是中冷器。

增强发动机动力的方法有许多种，但以相等功率来说，以纯自然吸气发动机改装的花费绝对是使用增压系统的两倍，而且功率越大低速转矩必定流失越多，转速也必定要向上拉高。此外，自然吸气可达到的极限值也无法提高到涡轮增压那么高，

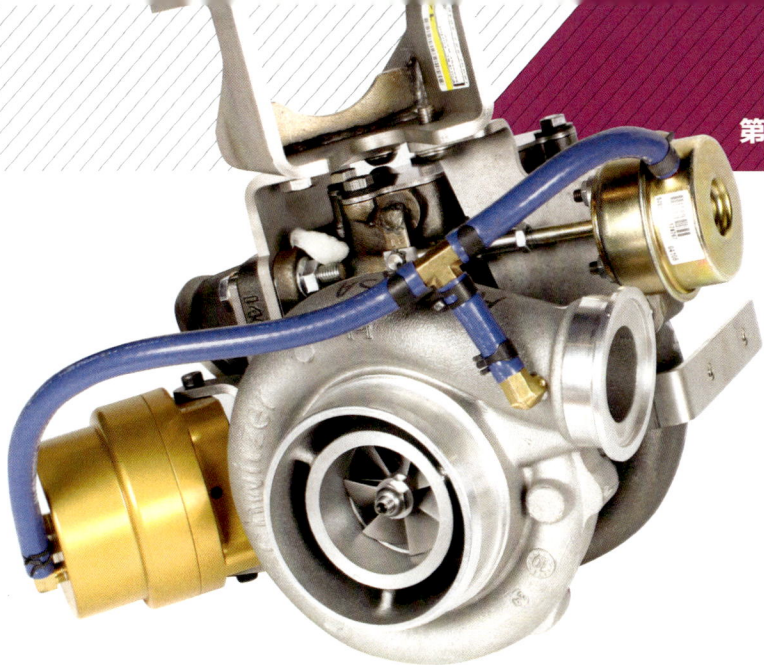

所以增压系统可以说是功率提升的最佳方案。

首先在加装涡轮增压器前要看发动机室内的空间是否足够，如果空间太小连涡轮本体都无法安放的话，那更别提中冷器和管路的布置了。如果空间足够的话，接下来就要查查大的改装厂商是否有适合您车的整套涡轮套件。一般像GREDDY、HKS等厂家都会针对不同车型推出涡轮套件，这些套件的管路布置、涡轮本体的选择都会更加适合您的爱车，在安装和调校上方便很多。如果没有合适的套件，就需要自己联系改装店来制作了，包括"排气芭蕉"的焊接和弯管等步骤都需要改装店来自行设计制造，不过现在安装涡轮已经是很普遍的事了，很多改装店都可以制作，但整套系统中最复杂的问题就是ECU的调校了。

由于安装了涡轮，原车的ECU就无法控制了。所以需要用改装的ECU来接管整套系统的运行，现在比较流行的有AEM和GREDDY的E-MANGER等外挂ECU，这些ECU可以支持喷油、点火、进气等调整功能。只要有经验的技师调校好ECU，那么安装上涡轮的车，开起来与原厂涡轮车没什么区别。需要注意的是，没有经过发动机内强化的车，涡轮压力不可以设定得太高，因为一旦压力过高，就会损伤发动机内的部件，切莫贪图动力而适得其反。

编者提醒

现代大功率发动机多数都具备涡轮增压器，涡轮机器内设置中冷器用以冷却增压后的空气，令氧分子的密度尽可能达到原来水平。而原厂产品往往是因为大批量生产而不得不考虑成本因素，也即原装中冷器多数只能用"够用"来形容。当发动机改装大号涡轮时，原装中冷器便常常满足不了发动机吸气的需要了。要改善这一不足之处，常见的是将原装产品改换上更大"气量"的中冷器。

8 凸轮轴

凸轮轴上的凸轮负责开关进、排气门。混合气有多少时间和空间进入气缸，基本上受制于凸轮轴的正时设定、凸轮轮廓和气门进排气面积。前两者是较常被改装的对象。虽然前两种方法都可以增加混合气体的进入量，但进气效果不大一样。譬如以较大的凸轮作用角配合较小气门升程量，混合气进入气缸时便比较缓慢和有序。相反，较小的作用角配较大气门升程量，进气情况便较为激烈。如果用法得当，两者都可以营造适当涡流，令混合气分布得更加平均。用之不当，便会产生爆燃等问题。

改变凸轮的作用角以及每组进排气凸轮之间的作用角重叠量，凸轮轴便可以产生不同的气门重叠量。按常理，进、排气门应该是一开一闭，不会重叠。但如果排气门关闭之前，进气门便开始打开，流入气缸的气体就可以帮助排掉残余废气，令燃烧效率更加理想。这正是气门叠开的优点之一。不过在发动机不同的转速域上，这个重叠量也要相应调整才能发挥最佳效果。

9 氮气加速系统

▲ 氮气加速系统的工作原理

氮气加速系统的工作原理是把高压的液态一氧化二氮装入钢瓶中,然后在发动机内和空气一起充当助燃剂与燃料混合燃烧。一氧化二氮高温时可以分解产生两个氮原子和一个氧原子,氧原子助燃,氮原子给气缸降温,这样可以让燃料更加充分地燃烧,从而提升发动机的动力。

由于氮气加速系统提供了额外的助燃氧气,所以安装氮气加速系统后还要相应增加喷油量与之配合,这样发动机的动力才能得到进一步的提升。氮气加速系统与涡轮增压系统和机械增压系统一样,都是为了增加混合气中的氧气含量,提升燃烧效率从而增加功率输出。不同的是氮气加速系统是直接利用氧化物,而增压系统则是通过外力增加空气密度来达到目的的。也许有人会问为什么不直接使用氧气而用氮气加速系统呢?那是因为用氧气难以控制发动机的稳定性(高温和爆发力)。

▲ 氮气加速系统主要结构

改装氮气加速系统时至少必须包含以下几个部件,分别是气瓶、喷嘴、电磁阀以及启动开关。

1)气瓶是填充一氧化二氮的钢制容器,除了外观尺寸上的区别,也有空重、总重以及瓶内压力等规格。

2)喷嘴如同发动机供油系统中的喷油器,喷嘴口径越大,喷出的气体量就越多,对于动力的提升也相对越大。

3)电磁阀是控制喷嘴作动的重要组件,因为氮气加速系统的喷射原理是利用瓶内压力将气体灌入发动机,因此在气瓶和喷嘴之间必须装设一个控制器,以控制气体的喷射速度。

4)启动开关则是提供指令让电磁阀作动的重要部件,一般大多装设在加速踏板正下方,或是节气门拉索的末端位置,不过也有利用节气门电压以感测节气门开度,让驾驶人在节气门全开之际一并启动氮气加速系统。

▲ 氮气加速系统的改装形式

氮气加速系统的改装形式,基本上可以分为"干式"与"湿式"两种。干式是指单

纯喷射气体,湿式则是除了气体之外还包括了燃油,因此湿式系统所使用的喷嘴通常为"Y"字形设计,也就是将一氧化二氮与燃油同时喷入燃烧室。就改装效果来说,湿式系统比干式系统能更精准地控制油气混合比,因此也可以使用大流量喷嘴,动力的提升幅度也更大。

除了干式和湿式之外,依照喷嘴装设的位置,氮气加速系统还可以分成单点与多点两种喷射形式。单点是指喷嘴装设在节气门前方的进气管路上,国内改装店家多半采取这种方式。多点则是由几个喷嘴所构成,位置大多装设在进气歧管上,也就是针对每只歧管分别加装上独立的喷嘴,改装效果也比单点形式更为优异,不过由于歧管必须钻孔加工,而且作动时发动机会承受极大负荷,也更容易造成缸内部件的伤害,因此较少用在一般道路版的氮气加速系统改装上。

编者提醒

基于安全性的考量,一般建议:

① 氮气加速系统最好不要连续使用超过1分钟,否则发动机会因承受过大负荷而受损。

② 喷嘴的装设位置和电磁阀的控制精准性也不容忽视,喷嘴的位置会影响气体流速和雾化效果。

③ 电磁阀的精准性则相当重要,因为氮气加速系统必须在节气门全开的状态下喷射,如果在节气门开启角度不足或已经关闭时继续供给,将造成一氧化二氮逆流,严重者甚至会出现回火现象,这时候空气流量计或空气滤清器滤芯就很容易损坏。

⑩ 悬架

普通汽车在设计过程中,制造商基于取得更多市场份额和成本的考虑,底盘悬架往往会采用折中的设计,不仅降低成本,而且使底盘在日常驾驶时表现出偏向中性,所以这样的设计就满足不了追求驾驶乐趣的驾驶人的要求了。底盘的改装首先就是减振器,所谓减振器的改装实际上是换上阻尼较硬、品质较好并且能和弹簧充分配合的减振器。选择一组适当的减振器是最重要的,但要在舒适性和操控性之间取得平衡比较困难。如果以操控为主那么就会牺牲舒适

性,但是要用在一般道路上就可以互相妥协,这时一组阻尼可调式的减振器就可提高实用性。

在改装悬架系统时弹簧是主角,即应先决定弹簧的强度和长短,其他的配件如减振器等都是用来配合的。另外前后弹簧的个别强度对车子的动态平衡(推头/甩尾)有极大的影响,改装时要特别留意。

总的说来,悬架是讲求匹配的系统。不同品牌、型号的改装件的调校均有所不同,要搭配选用及调校一套适合自己要求的改

装悬架是非常困难的事。因此最佳的选择是匹配性能较高的套装件，适合的悬架改装最终还是以玩家喜好而定。

"绞牙"减振器经常被玩家视为最高级的悬架装置，因为既可以调校离地距离，又可以调校缓冲度，但专家一致认为街道汽车无须使用这类产品。为何？首先是这类产品虽然可以降低离地间距和车身重心，但街道汽车的悬架结构受悬架支点所限，降低离地间距后悬架连杆形成的侧倾点却可能移至比原装更差的位置，盲目降低车身只会弊大于利，如车身倾侧、滚动倾向不减反增，操控

到头来必然比原装差。事实上，只有小部分玩家需要及懂得如何利用"绞牙"减振器上的多段调校功能。

编者提醒

改装悬架还要避免几个误区。首先是不要拼命降低车身，过分降低车身会影响减振器、弹簧、等速万向节和其他悬架关节的寿命。另外，虽然车身降低后大部分悬架系统上都会有增加车轮负倾角的效果，对弯道表现有好的影响，但若是没有修改悬架机构关节点的位置，过分地降低或升高车身都会破坏悬架机构应有的特性，效果会更差，车身过低对日常行车所带来的烦恼也会令车主困扰不已。

⑪ 防倾杆

先换防倾杆还是先换减振器及弹簧常常有所争议，其实这是因为大家对于防倾杆的作用有不了解之处。防倾杆只有在左右悬架动作不同步时才会产生作用，也就是说防倾杆的主要功能在于抑制侧倾，对于改善平路上高速直进时的漂浮感并没有帮助。如果你的车直进时的稳定度已符合你的要求，但转弯或变换车道时的侧倾却让你不能接受，那么你应该先换防倾杆。如果连直进时都会有令人不悦的漂浮感，那么你应该先从减振器和弹簧下手。高性能减振器和短弹簧虽然也会改善侧倾，但绝不可以用加硬减振器和弹簧的方式来抑制侧倾，这会使行驶舒适性和行经不平路面时的循迹性严重劣化，应该要配合防倾杆的改装才能收到最大的效益。

想要转弯时车身平稳一点，弯道表现好一点，加装或使用比原装抗扭性高的防倾杆是最有效的，并且是对行车舒适性影响最低的方法，此外使用前后不同抗扭性的防倾杆更可改善原装车转向不足或转向过度的特性。需要留意的地方是防倾杆直径并不直接反映其抗扭性能，还有一点是部分原装不设防倾杆的汽车可能不能加装防倾杆。

编者提醒

防倾杆只会在转弯时才会增加弯外车轮的悬架支撑力。当左右两边车轮直线碾过起伏路面时，防倾杆是不起一点作用的。防倾杆使用得当的话，的确可以令座驾兼具平顺的直线行车感和高的转弯支撑力。因为它容许弹簧采用较软的设定，在应付路面起伏、过弯时为弹簧撑腰，抑制车体倾侧。若有需要抑制悬架在直路上弹跳，同时提升转弯的支撑力，防倾杆无疑是简单有效的方案。假设材料特性相同，防倾杆的支撑力会跟其断面直径成正比，通常换装直径较粗的产品便可增强抗倾能力。

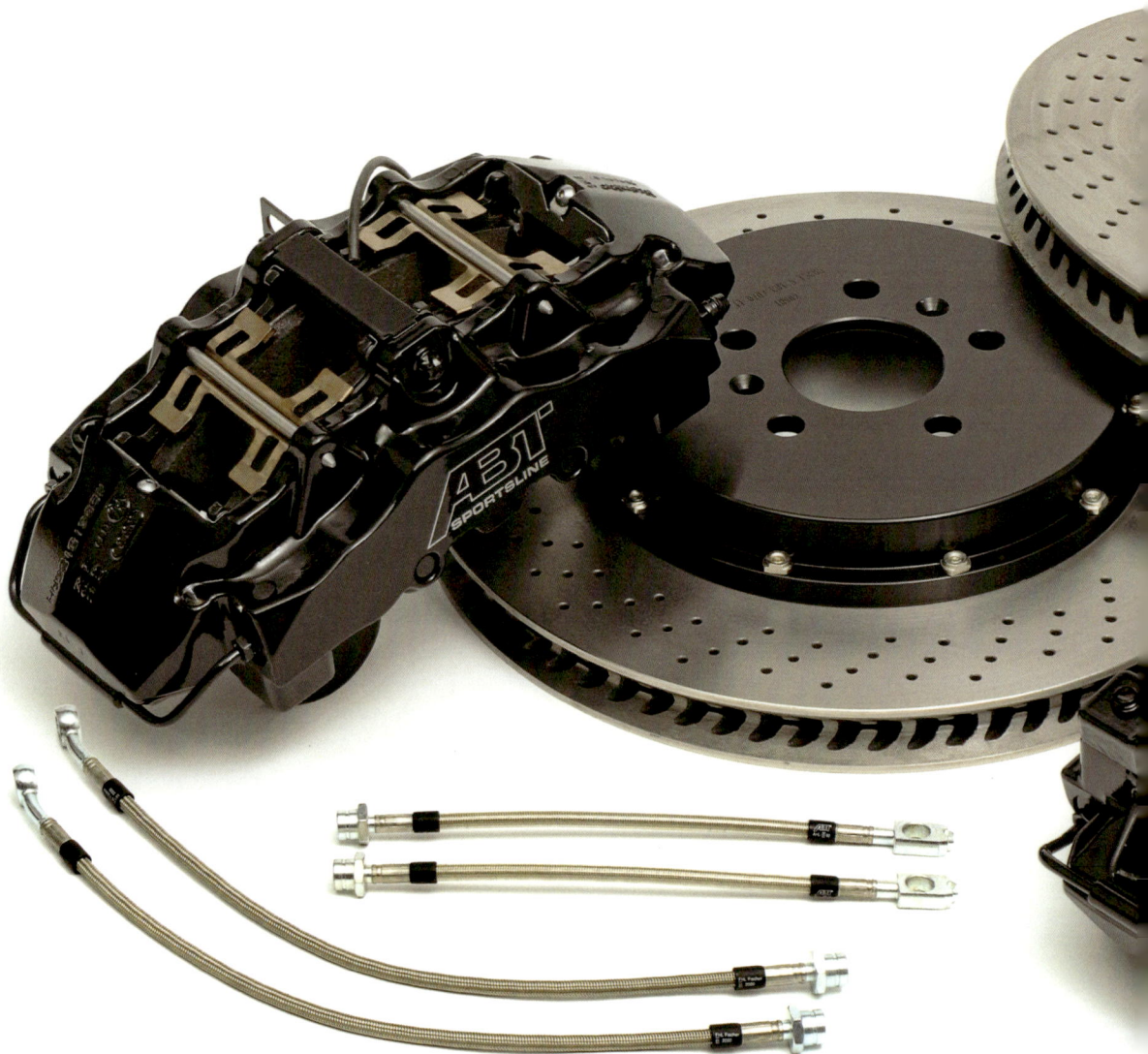

⑫ 制动系统

　　顾名思义,制动系统的首要工作是减速。因此改装制动系统的目的,就是要缩短制动距离。

　　升级制动的方法有三种,分别是更换高性能制动摩擦片、改用大型卡钳、增加制动盘直径。一般的制动系统改装只要换装高性能制动摩擦片即可,如果想进一步加强制动力,则可以考虑原装直径改装用制动盘或

大型卡钳。原装直径改装用制动盘的优点是规格跟原装件相同,可以配合原装卡钳、制动摩擦片使用,改装工序也比较简单。通常这种类型的制动盘表面摩擦力与原装件没有差异,而且制动盘刚度较高、较为耐热或表面设有防止制动片屑积聚的坑纹,令这类制动盘的性能比原装件好,特别是连续制动后。大型卡钳配用的制动摩擦片通常比原装

式，与对应的大型卡钳及配件一起出售，使制动摩擦片摩擦面积比原装大。尽管这类套装制动升级件的售价并不便宜，但因配件齐全，组件之间的匹配性也高，选择它比自行组合更加安全科学。

虽说上述任何一种升级都能提高制动力，但改装制动更重要的目的是如何达到适合自己的制动"控制感"。因为不同人有不同的驾驶习惯，对踏板"脚感"亦有不同的喜好，有些喜欢初段制动反应敏感，有些则希望全程渐进。因此，若要达到一个称心的制动"控制感"，除了通过不同的制动摩擦片、制动盘及卡钳搭配外，还可能需要更换制动主缸或俗称"大力鼓"的制动助力器米调校"脚感"，改装过程中靠反复测试不同产品进行选择。

大，能够产生的摩擦力及制动力自然较高。采用多活塞设计其实只是为了平均分布制动摩擦片的压力，也即多活塞设计跟制动力没有直接关系，因此挑选时应比较配用的制动摩擦片面积而非活塞的数目。

使用直径较大的制动盘能够产生较好的制动表现，主因是增加了卡钳和车轴轴心之间的力矩，还有是因为它通常是套装形

编者提醒

若没有高性能轮胎配合，就算是换上一套制动力很强的制动系统亦无用武之地，因为抓地的始终是轮胎，强制动配弱轮胎只会造成经常性车轮锁死的情况。换言之，选择一套好的轮胎也可以或多或少提高制动表现，改装制动系统也必须同时为轮胎升级。

⑬ 轮毂和轮胎

▲ 轮胎

底盘改装的第一步应该从挑选一条适用的好轮胎开始。轮胎是汽车性能的终端输出，再好的性能都必须靠四条轮胎才能表现。轮胎的改装不外乎加宽、降低扁平比、胎质的改变。除非动力大幅度提升，否则为了提高循迹性加宽10~20毫米就足以应付一般道路上较激烈的驾驶方式，而且不会造成转向特性及悬架负荷的改变。随着动力性能的普遍提升，扁平比的降低已是时势之所趋，通常也是配合着轮胎加宽、轮毂加大所作的调整。

增加轮胎宽度是为了增加轮胎与路面的接触面，这样抓地力自然便会增加。虽然轮胎宽度可升级一至两个尺码，但实际上要视车款而定。例如一辆原装使用215毫米宽度轮胎的汽车，理论上可以更换一套235毫米宽度的轮胎来换取较高的抓地力，但结果可能会导致轮胎碰到轮拱或车身而产生危险。此外，轮胎宽了，滚动阻力也随之增加，会或多或少降低加速反应。过强的抓地力也会使转弯中车身动态变得比原装

"钝"，结果可能得不偿失，尤以动力不高的汽车最明显。

因此轮胎升级之前，首先换上性能比原装高的相同尺码的轮胎，看能否达到希望得到的效果。若决定更换宽轮胎，比原装宽一个尺码其实已适用于大部分或进行过基本改装的汽车。曾大幅改装发动机的改装车如果用上宽两个尺码的轮胎仍然觉得抓地力不够强，原因其实只有两个：一是选用了一套性能不够高的轮胎；其次是悬架未能发挥轮胎的表现，这与轮胎宽度无关。

▲ 轮毂

轮毂的加大必须与轮胎配合着改变。超过半数以上的车主改用大尺寸的铝合金轮毂是为了美观。其实除了美观的因素，轮毂的改装是为了散热更好、重量更轻。用铝合金或镁合金所制成的轮毂散热效果要比铁质的轮毂好上许多，若配合轮毂的特殊造型更能达到冷却效果。在这要提醒读者的是轮毂的重量才是改装时要考虑的因素。在赛车场上轮毂改装的另一个重要目的是要争取更大的空间，以便容纳更大的制动盘及卡钳。

许多人更换大轮毂的目的一是为了美观，二是为了配合较宽的轮胎或体积较大的改装制动。其实，增加轮毂直径的主要目的是为了降低轮胎的扁平率，因为胎壁越薄，变形幅度便会越小，车辆的高速稳定性便会越高。例如由16英寸升级至17英寸轮毂后，胎壁薄了0.5英寸，变形幅度自然比原来小，但同时吸振效果及舒适性也会降低。

编者提醒

换装高性能轮胎或轮毂，目的离不开提升车辆的抓地力与操控反应。需要注意的是，高性能轮胎的磨损速度往往高于经济型轮胎。此外，粘度越高、抓地力越强的轮胎，也比较容易增加油耗。铝合金轮毂虽然轻巧有型，但对于常常出入崎岖地形的越野车，铸铁轮毂反而比铝合金制品更适合，因为铸铁制品柔性较强，轻微变形之后仍能使用，铝合金则往往没有这种变形弹性，在同样的冲击力下可能一撞就裂。

第三章 汽车外观升级

汽车外观升级是指通过对车身外形的改变，达到美观以及性能提升的目的。通常的升级方式包括大包围、尾翼、车身贴膜、车身封釉、车顶行李架、车身隔声、汽车天窗、倒车雷达、氙气前照灯、绞盘、防擦条等。

1 大包围

汽车为了改变外观和减小汽车行驶时所产生的逆向气流,装上汽车前保险杠、后保险杠、侧裙等就叫做汽车大包围,又叫汽车车身外部扰流器,它是一辆汽车美感很好的表现形式。汽车大包围对于减小逆向气流来说是一个非常强大的汽车配件,可以实现众多的功能,如美观、美感、气流的减小等。如果你的车型比较旧,做汽车大包围非常合适。要注意的是:

1)加装大包围应该到有经验的改装店,因为这些改装店有制作各种包围的能力,大都会免费为车主修复不慎碰坏的包围,令车主不必为包围的一点小损伤就再花钱去换一个新的。

2)由于包围所用的材料抗撞击能力较差,所以,最好不要选用需要拆掉原车保险杠才能安装的大包围,而且将原杠包裹其中的大包围并不会影响车辆的牢固性。如果一定要选用拆杠包围,可将原杠中的缓冲区移植到玻璃钢包围中,以起到保护作用。

3)应选用高质量的产品。大包围安装在车上,也就与车成为一个整体,日常的磕碰

就在所难免,如果包围材质脆弱,刚性过大,就很容易碎裂,那样不仅增加更换成本,也平添了不少麻烦。

在国内大包围套件的材料主要有:

▲ ABS塑料

此类产品以真空吸塑成型,所以厚度较薄、韧性一般。

▲ PU塑料

此类产品由于是在低温下注塑成型,所以有极高的柔韧性与强度,同时与车身的密合度也是最佳的,寿命期也较长,是三种材料中最好的一种。

▲ 树脂纤维材料

此类产品价格较为便宜,款式较多,所以成为众多车主的首选。选购这一产品时要注意以下几点:

1)韧性要好,有抗扭的能力。

2)耐热不变形。

3)表面要平滑、重量要轻。

4)与车身密合度要高。

这样你就能选到自己称心如意的包围了!

编者提醒

加装大包围的车主有几点应注意的事项:

① 应选用高质量的产品,因为高质量的玻璃纤维包围,无论是坚固程度还是表面光洁度都远远强于一般产品。

② 加装大包围应该去正规的改装店,从而可以保证加装的质量。

③ 加装大包围前应该制订一个合适的方案。

② 尾翼

　　汽车尾翼也称尾部扰流板,一般分为单层和双层两种,而材质有铝合金、玻璃纤维、碳纤维等多种,其工作方式也有手动可调和自动调节之分。尾翼不仅仅是为了满足视觉需要,更多的是为车辆在高速行驶时提供更大的下压力。

　　汽车在正常行驶过程中的阻力可分为纵向、侧向和上升三方面,而且随着车速的提升,阻力也就更为明显。在高速激烈驾驶时,车辆更容易出现转向不足、轮胎抓地力不足等问题。而扰流板的安装能大大降低这种现象,这也是为什么所有竞赛车辆的身后都会安有扰流板。我们经常能看到F1比赛中的赛车风驰电掣地通过弯道,除了优异的底盘结构外,车身的扰流板也有很大功劳。不过想得到这份额外的下压力也不容易,赛车的工程师们每场比赛都要根据不同的赛道不断调整尾翼和其他扰流板的角度和方向,以获得最佳的空气动力学效果。

　　而对于民用车来说,尾翼更多的只是起到强化视觉效果的作用。一方面,城市行驶时的车速还不足以用到尾翼来提供额外的下压力。因为当车辆的行驶速度低于100公里/小时时,车体表面的凸出物越少,车身的线条越流畅,风阻系数才会越小,而增加的尾翼这时只会添乱。只有当车速高于120公里/小时时,尾翼的优势才能显现出来。另一方面要想获得合理的下压力,尾翼的材质、角度还有调整的范围都必须是经过了严格测试后得出的,而这种调校别说是一般的改装店,就算是专业的汽车公司也要费巨资才能完成。

编者提醒

对于一般车主来说,给爱车装饰性地加个小尾翼还是可行的。车主可以选择一些美观小巧的尾翼来和自己的爱车搭配。比如在两厢车的尾部安装一个小尾翼,既可以将车顶上的气流顺畅地导至车后,同时还利用了该气流将后车窗的灰尘清除掉,避免了因灰尘附着而影响到驾驶人的后视野。不过那种夸张的大尾翼最好还是要慎重选择,因为没有经过调试的尾翼不仅会给安全行车留下隐患,还有可能因此而无法正常验车。

③ 贴膜

在整个后汽车改装市场中，汽车玻璃贴膜的发展异常迅速，很多私家车主都为自己的车贴了膜，但是在车膜产品的选择上有些误区。

▲ 单面透光车膜

所谓单面透光是指贴膜后，只能从内向外看，不能从外向内看，表面上看似保护了隐私，实际上有一定的危害。这种技术要求制造工艺较为复杂，价格相对也高。而市场上一些低价格、所谓能"单面透光"的车膜大多为伪劣金属膜，即膜内有一层极薄的金属，通过对光的反射和散射来达到短期的视觉效果。这种膜易氧化脱落，同时对紫外线的隔离也有限，为行车安全带来隐患。

▲ 深颜色的车膜

汽车贴上这样的车膜后，经过染色的车膜呈现出深浅不一的外观，是否颜色越深就越好呢？其实不然。

1）车膜的颜色与性能并无直接联系。

2）深颜色的车膜固然可以增加一点隔热能力，但车膜内的涂层工艺才是决定隔热效果的决定因素。

3）在机动车年审时，深颜色的车膜往往会被审查单位格外关注，尤其是对前风窗玻璃和驾驶人侧车窗的透光率有严格的标准，这些部位需要贴高透光率的车膜。

4）有些仿制车膜通过染深颜色来进行掩盖，这种劣质膜不仅褪色后会在玻璃上留下难以清洗的斑块，隔热效果也不及专业车膜的一半。

▲ 高反射率的车膜

这样的车膜本身具备一定的反射光作用，但它是不合乎规定的。2004年制定的交通安全法就有明确规定："不得使用镜面反光遮阳膜"。为什么定这样的标准？因为高反射率的车膜存在诸多弊病，于人于己都有危害。此类车膜（也称镜面膜）的材质多以铝掺杂水银制成，对外部的直射光反射固然厉害，但也会形成一定的内反光，严重影响驾驶人的视线，易造成安全事故。

▲ 贴双层的车膜

贴了一层车膜后，有的车主还是感觉太透明了，于是就想出了膜上加膜的做法，其实这种做法弊大于利。

1）双层车膜与玻璃之间会形成一种新的透光率，但并不是成倍减少，隔热率会稍微有所提高。

2）车膜与车膜之间的粘性没有车膜与玻璃之间紧密，时间一长易脱落。

3）两层车膜间如果有气泡时，水分会使上层车膜移动、变形，导致水泡面积越来越大，双层车膜也就失去了原先预期的效果。

编者提醒

我国家用轿车的保有量在快速增长，车膜改装近年来受关注程度也在与日俱增，行业自律固然重要，但更重要的恐怕是消费者自己应尽快提高辨别真伪的能力，"膜"高一尺，消费者必须道高一丈。

④ 车身封釉

车身封釉是通过振抛机的高速振动和摩擦,利用釉特有的渗透性和粘附性把釉分子强力渗透到汽车漆表面和缝隙中去。车身封釉后可以使漆面的硬度得到一定的提高,具有防紫外线辐射、防雨雪酸碱的侵蚀、防风沙的吹打、抗高温、密封、增光、耐水洗、抗腐蚀、延缓车漆被氧化造成褪色等作用,另外釉面还可防火防油污及轻度硬物的刮擦,使你的爱车更新、更亮。车身封釉还为以后的汽车美容、烤漆、翻新奠定了基础。车身封釉是打蜡的替代品,一般车身封釉半年之内可不用打蜡(不过这主要取决于车辆的使用环境)。

▲ 打蜡、封釉、镀膜的优缺点

打蜡是通过研磨的方式将漆面细小划痕磨光来达到漆面光亮的美容方式。目前市场上的车蜡主要有两种:固体蜡和液体蜡,一般固体蜡就是研磨蜡,而液体蜡又叫光亮剂或者光亮釉,只需要均匀涂抹在漆面上就可以了。蜡中含有研磨颗粒,常用会对车造成损伤,因此选用蜡时千万不要选用劣质的粗蜡。

优点: 省钱、操作简单、自己动手就行。

缺点: 蜡的主要成分是石油,对漆面有腐蚀性,时效性差,一般一个月就要打蜡一次,且雨水一冲就没了。

封釉是通过用高分子聚合物覆盖汽车漆面来增强漆面的抗磨损能力。

优点： 提高漆面硬度，耐高温抗紫外线的特性更好，有利于保护车漆。

缺点： 有一定的腐蚀性，需要每隔半年做一次，必须到专业店进行施工服务。

电池镀膜是通过正负电子相互吸附的电泳技术，将人类目前所知硬度、光滑度最高的物质"PTFE"吸附在汽车漆面上，以此形成抗酸碱、耐磨损、抗紫外线、耐腐蚀的综合防护层，是目前北美主流的漆面防护措施。

优点： 一般有效性在3年左右，光滑度有所提升(虫尸、沥青能轻易地被擦去)，漆面硬度提升3倍，能经历150次高压洗车后依然光亮。

缺点： 施工时间需要3~4小时。全进口材料，技术复杂，费用相对较高。

编者提醒

镀膜与封釉都是在车漆表面涂上一种化学物质，通过在车漆表面形成一种高硬度、抗氧化、抗腐蚀的膜，从而对车漆形成保护。而两者所不同的是在加工工艺上：封釉用的是液体釉，而镀膜用的是一种氟碳和玻璃素的聚合物，两者都在车漆表面形成一种固态保护层，都需要先打磨掉车漆表面的氧化层，以保证"釉"或者"膜"在车漆表面的附着能更加持久。

⑤ 车顶行李架

不是所有的车型都适合装行李架，那么到底什么样的车子适合安装？有些车子在出厂的时候就已经安装了行李架，当然这种行李架只是非常简单的款式，如果你不喜欢可以挑选自己喜欢的行李架换上。还有一种情况是出厂的时候没有直接配装行李架，但却在车顶上为车主后期加装行李架预留了安装位置，如预留支座安装空位和支座支撑位置，一般上面都已经配有预留的螺纹孔。

对于那些没有预留安装位置的车子，车主最好不要自行安装，通常一些玩车族懒得理会这些，自己强行钻孔安装。车顶钻孔的过程，牵涉到后期的防漏、防锈工作，比较复杂，往往会因为处理不好，影响了车辆的后期使用，而且行李架的安全性也没有事先就预留位置的那种好。在此建议车主，遇到这种情况，最好将车子送去专业的改装店安装，以免留有后患。

主体支撑部位有铝合金以及高强度塑料（尼龙加上混合玻璃纤维制成）两种材料。其中铝合金材料具有强度高、质量小的优点，应用最广泛，但是铝合金所含的微量元素不一样，制造出的材料强度和硬度也不同。而高强度塑料材料相比较而言容易老化，原因是塑料易热胀冷缩，造成装配精密度比较差。

支架（侧杆与横杆）部分一般用锌铝合金制成，它的成本高，但它强度高，装配质量好，使用寿命长，所以价格也高一些。

这里还要提醒车主，越野车本身的高度太高，车高加行李架不能超过2.3米。

▲ 在安装使用行李架方面，车主则需要注意以下事项：

1）安装行李架后要对螺栓紧固作定期检查，检查间隔根据不同的路况和载重情况而定，一般最好7天检查一次。

2）货物要绑紧或固定在行李架上，所有的货物要放均匀，重心尽可能降低。

3）如果要使用绳子，最好用没有伸缩性的。

4）在行李架上有挡风的东西，要小心行驶，制动时也要注意。

编者提醒

材料是质量的核心。如何鉴别呢？

① 在大气状态下看它的老化寿命，看多长时间不褪色、不脱落、不变形。

② 看表面光泽是否一致，均匀不均匀，有没有凹凸点和裂痕。

③ 看它的力学结构是否合理，这要看它用料的厚度，看连接处是否紧密。行李架安装好后，从是否易变形等方面判断其力学结构的合理性。

④ 看品牌，好的品牌其质量有一定的保障。

6 车身隔声

随着汽车逐渐进入家庭，车主越来越注重驾驶质量，也会更注重行驶时的噪声。事实上，车厢内的噪声足以影响车内乘员的交谈、音乐的聆听，甚至驾乘的心情。

▲ **一般隔声采用两种方法来处理**

1）使用减振隔声材料来达到消声降噪的目的。例如：在车门、底盘等处粘贴减振隔声材料后，它会起到加固车体结构和控制车体与外界噪声的共振的作用。这是因为粘贴减振隔声材料后会改变车体的固有频率，控制车外噪声与

车体产生的共振和共鸣，从而有效隔除噪声。

2）使用吸声材料来达到消声降噪的目的。例如：在发动机盖使用吸声材料后发动机的噪声明显降低。这是因为吸声材料是一种声学泡沫材料，它里面水平分布着开口腔与闭口腔，能有效地将噪声（即声能）转化为机械能和热能消耗掉，从而达到吸收噪声的目的。

这两种材料的使用并不是独立的，配合使用会达到最佳效果。

▲ 隔声工程的施工方法

如前所述,恼人的车内噪声不外乎来自发动机、底盘、风噪声以及车身共鸣等。目前国内流行的汽车隔声技术都是根据这几个噪声源进行防治,以隔绝噪声进入车厢,营造一个安静的车内空间。其具体施工方法是:

1) 在发动机盖处粘贴防火吸声毯,吸声毯能大量吸收发动机运转时的噪声,并且还具有隔热功能,能有效保护发动机盖的面漆,避免长时间高温使面漆变色。

2) 在车厢内底盘上加装减振隔声垫及防潮吸声地毯,其主要作用是缓解车厢下底盘、行李箱下底盘件在高速行驶时由于钣金结构件的振动而引起的共鸣,减少由于轮胎转动所产生的路面噪声传递,降低由排气声传入后车厢的共鸣声压等。

3) 在车门饰板内贴上专用吸声毯,它可降低行车时因车门钣金结构件较薄而产生的共振,减少车门内饰板及零件的松脱,降低因车龄较长或长期在崎岖路面行驶情况下,因金属疲劳与车身扭动时产生的杂声。

4) 一般情况下,比较名贵的车种都已配有较佳的隔声措施,但大部分的轿车由于车身结构上的原因,造成车身综合刚度不足,从而产生较大的行驶噪声,因此有时只需稍稍提高车身的结构刚性,便能有效降低噪声。

5) 在车门内饰件的内面贴上一层丝绒质吸声毯,在门板的内侧贴附一种特殊的减振垫,加装车门隔声条以加强车门与车门框的密封性。经过这样的施工,不仅能加强车门的刚性和减小共鸣声,而且能有效降低汽车高速行驶的风噪声。

6) 前后轮翼子板是底盘噪声传入车厢的一个主要地方,在前后轮翼子板处喷吸声材料,可减少行驶时减振器传入的杂声,并抑制轮胎与路面、钣金结构件所产生的撞击杂声。

7) 在发动机防火墙加装隔声垫以及在仪表座下层加消声垫,减少发动机噪声的传入。发动机是最主要的噪声源,也是离驾驶人最近的噪声源,在加强仪表板下部及发动机防火墙的厚度后,能抑制发动机运转时传入车厢内的高频声压,这是隔声工程效果最明显的部位。

8) 最后,给车厢内车顶粘上一层隔热吸声棉,这除了能有效阻隔太阳暴晒,防止车厢内温度快速上升,还能强化车顶钢板的刚度,有效减少雨天时雨滴撞击车顶的声音传入车内。

编者提醒

隔声工程施工的注意事项:

① 在拆卸时一定要注意拆卸技巧,不可用蛮力损坏板面和漆层,所有卡扣要使用专用的起扣工具。

② 处理附着物一定要注意用力强度和方向,防止划伤车漆和划破面板。在使用清洁剂后,一定要及时盖上盖子,避免清洁剂挥发或撞翻清洁瓶。

③ 下料时,尽量避免拼接过多和重复下料。

④ 底盘的线路和空调孔切不可覆盖。

⑤ 地板的安装步骤要在做完天花板后完成,避免弄脏或损坏座椅和地毯。

⑥ 在有安全气囊的车上作业时,一定要拔出钥匙、轻拆轻装,防止气囊爆炸导致人车受伤。

⑦ 因仪表属精密仪器,拆后较难复原,所以仪表尽量不要拆。

7 汽车天窗

拥有天窗确实能给驾驶人带来很多的好处。当车辆高速行驶时,空气从车顶快速流过,开启天窗,车的外面就形成一片负压区。由于车内外气压不同,就能将车内污浊的空气抽出,达到换气的目的,让车厢内始终保持清新的空气,避免车内产生异味。由于天窗换气利用负压原理,所以打开天窗换气时不会卷入灰尘和杂物。此外,打开天窗的降温效果也非常好。而相比开侧窗而言,可大大减少噪声干扰,受车速影响也更小。

车辆在定型、出厂时都经过试车和碰撞试验,经过国家质量技术监督部门检验合格,如果私改天窗,会改变车辆原车的整体结构和设计的安全技术参数。而出厂时带有天窗的机动车在设计时加装了横、纵梁龙骨,以保证车辆的安全技术性能,并且也是经过有关部门检验的产品。另外有的

机动车辆在加装天窗后,由于密封性不好,造成车内漏水,车顶严重腐蚀,这些都会影响车辆行驶安全。

▲ 开天窗后车顶整体受力会变弱

车身设计专家表示,车顶是一个整体,横、纵顶梁与侧围成为一体,在车身受力时,力的传递通路已经设计好了。如果天窗的切割面积相对较大,切割后势必会对车身的骨架造成破坏,对整体受力造成影响。加装天窗,车顶的刚度会大大降低,因力的传输通路改变,会发生很多不可预知的情况,毕竟整体被破坏,会影响到很多方面,而且很多是细微变化,不易察觉。

▲ 不正确安装天窗会下沉

由于一般的天窗都是固定在车顶上,为了保证车顶不变形,原装天窗的汽车在车顶都要进行特殊处理,一般不会对车

身的结构安全造成影响。而私自加装的天窗,如果安装不正确,车辆在经过多次颠簸后,天窗会下沉,有时也会造成车身变形。一般出现这些问题最好的挽救办法是重新返工、对车顶的锈蚀部位和电路进行重新处理。

▲ 密封性不好腐蚀车顶

如果天窗改装得不好,还会造成天窗漏水、车顶腐蚀等问题。安装天窗需要很精密的计算,单单防水问题,就需要很高的技术难度。对车辆的安全系数的计算,厂家需要根据不同的材质、不同的弧度设计等参数来考虑。私开天窗破坏了车辆顶部的结构,普通的安装很难保证密封性。

越野车、跑车等特殊的车型不适合后加天窗,由于越野车和跑车的车顶有相对复杂的钣金结构,有的汽车车顶还有空调管路、电路、灯具等设备,所以这些车辆一般不具备后加天窗的条件。

编者提醒

买车后私开天窗不仅不安全而且违法。私自改装天窗属于擅自改变机动车已登记的结构、构造或者特征以及机动车行驶证记载的登记内容与该机动车的有关情况不符,属禁止行为。在欧美国家,自己开天窗也是违法行为,因为这样的改装会破坏原车结构,易发生事故,存在安全的隐患。

8 倒车雷达

倒车雷达,即倒车防撞雷达,也叫泊车辅助装置,它能以声音或更为直观的显示告知驾驶人车辆周围是否有障碍物,解除了驾驶人泊车或起动车时,车辆前、后、左、右探视所引起的困扰,帮助驾驶人扫除视野死角和视线模糊的缺陷,提高驾驶的安全性。其主要作用是:倒车时,利用超声波原理,由装置在车尾保险杠上的探头发送超声波撞击障碍物后反射此声波,计算出车体与障碍物间的实际距离,然后,提示给驾驶人,使停车或倒车更容易、更安全。因此,安装倒车雷达对于安全驾驶有十分重要的意义。

安装倒车雷达,首先要选购优质的产品安装。现在市场上的倒车雷达类型很多,探头有单个的,也有多个的,有单用声音缓急提示的,也有声音加数字显示距离的,总之,类型林林总总,令您眼花缭乱,这里提醒您,在选购时注意以下几个问题。

▲ 质量方面

倒车雷达作为一种汽车用品,同其他商品一样,选购时,最重要的是看其质量是否过硬,优质产品提供的服务较好,承诺的保修期较长,建议您选购保修期2年以上的产品。

▲ 功能方面

从功能方面区分,倒车雷达可分为LCK距离显示、声音提示报警、方位指示、语音提示、探头自动检测等,一个功能齐全的倒车雷达应具备以上这些功能。

▲ 性能方面

性能主要从探测范围、准确性、显示稳定性和捕捉目标速度来考证。探测范围至少在0.4~1.5米；准确性主要看两个方面，首先看显示分辨率，一般为10厘米，好的能达到1厘米，其次看探测误差，即显示距离与实际距离间的误差，好产品的探测误差低于3厘米；显示稳定性指在障碍物反射面不好的情况下，能否捕捉到并稳定显示出障碍物的距离；捕捉目标速度反映倒车雷达对移动物体的捕捉能力。倒车雷达性能方面的要求是：测得准、测得稳、范围宽和捕捉速度快。

▲ **外观工艺方面**

作为汽车的内外装饰件，显示器和传感器安装后应美观大方，与汽车相协调，还有探头的颜色，一定要与汽车的颜色相协调，差异不可过大，以免影响美观。

选好了倒车雷达，就该安装了，由于不同品牌倒车雷达的结构不同，则其安装方法也不同，主要的安装方法有以下两种：

1）粘附式安装

它仅限于具有粘贴性探头的报警器，这种方法无需在车体上开孔，只将报警器粘贴在适当位置即可，这种报警器一般安装在尾灯附近或行李箱门边。具体的安装方法是：

① 将附带橡胶圈套在感应器（探头）上，引线向下并与地面垂直。

② 确定感应器（探头）安装位置。

③ 将感应器（探头）沿垂直方向贴合。

④ 用电吹风将双面贴加热，然后撕去面纸，贴到确定部位。

⑤ 将报警器的闪光指示灯安装在易被驾驶人视线捕捉的仪表板上。

⑥ 将控制盒安装在不热、不潮和无水的行李箱侧面。

⑦ 将蜂鸣器安装在后窗玻璃前的平台上。

⑧ 将感应器（探头）屏蔽线隐蔽铺设，以防压扁、刺穿，并起到美观的效果。

2）开孔式安装

它适用于具有开孔式探头的报警器，探头安装在汽车尾部或保险杠上，其他部件的安装方式与粘附式安装相同。

编者提醒

在安装问题上，要注意安装位置的高低、角度以及探头分布的距离等，如不注意这些问题，会影响探头的探测结果。

9 氙气前照灯

汽车照明自氙气前照灯技术出现后，车灯发展历程中终于开始了跳跃式突破与发展。两倍于普通卤素前照灯的光照亮度，能耗仅为其三分之二，如日光般明亮的照明效果，使用寿命可达普通卤素灯的十倍。从20世纪90年代初开始，氙气前照灯凭借其不可比拟的优势，已成为了越来越多车主心目中的首选。

由于现有车主对于氙气技术的不断了解和对汽车照明要求的提高，将原车卤素前照灯改装为氙气前照灯也随之成为市场的一大热点。目前，市场上主要存在着三种不同的改装方法。

▲ 加装氙气辅助灯

这种方法的特点在于完全不改动原车的照明系统，而是将氙气辅助灯作为附加产品安装于车辆头部或顶部的相应位置。这种改装相对比较灵活，用户可以根据车辆的前围造型和自己的喜好挑选适合的产品，选择合理的安装位置进行安装，满足个性化的需求。氙气辅助灯以远光灯为主，外径一般小至80~90毫米，大至200毫米，分别可适合货车、越野车、轿车等不同车型。氙气辅助灯中的铅笔光型产品，可以满足高速公路驾驶以及赛车驾驶的特殊需求，射程可达千米以上。

这种方法的缺点在于，对于车辆前围保

险杠及格栅有一定的尺寸要求，需仔细测量后再予以改装。

▲ HID改装

HID改装起源于日本，就是将原车前照灯中的卤素灯泡摘除，换上氙气灯泡（含灯泡座），加装氙气镇流器，同时在防尘罩上钻孔并引出线束。由于市场上已经推出了适配不同规格卤素灯泡的氙气灯泡，因此几乎所有的车型都可以适用。然而，这种方法却存在很大的安全隐患：

1）由于前照灯的反射镜与配光镜都是为原卤素灯泡度身定造，在改换氙气光源后，光源及焦点位置有偏差，新的氙气灯泡与反射镜及配光镜的配合不可能达到原有的效果。因此，HID改装虽然可以提高前照灯的光源照明亮度，但却不能产生法规要求的光型。相反出现了包括不聚光、失去近光切割线、无远光功能等严重的负面影响，并使会车炫目的可能性增加了100倍以上。

2）由于更改了原车的电路，一旦出现产品质量问题，很可能引起短路起火的危险。

▲ 更换前照灯总成

出于对驾驶安全的考虑，在欧洲法规已明确规定HID改装为非法，只有对整个前照灯系统的更换——即更换前照灯总成才被视为合法，并且还必须同时配备前照灯清洗装置及自动前照灯调节装置。这种改装方式主要采用原配套氙气前照灯，即氙气光源配合专门为其设计的配光镜和反射镜，是一种最理想的改装方法。这种方式下，改装极为方便，一般只需拆换前照灯即可。

编者提醒

氙气前照灯极大地增加了驾驶的安全性与舒适性，还有助于缓解人们夜间行驶的紧张与疲劳。驾驶人可在第一时间内发现危险，从而获得足够的反应时间，很大程度减少了夜间事故发生率。

10 绞盘

当你的爱车深陷泥潭，连四轮驱动都无能为力时，绞盘就成为了你最忠诚的战友，将你拖离"苦海"，摆脱险境。现在就让我们来了解一下这位与你共患难的战友——绞盘。

越野车的绞盘一般安装在车的前或后保险杠的中间，与车架相连。同级别的绞盘其安装尺寸是一样的，托盘等附件可以通用。绞盘的安装形式一般有直接安装式、隐藏式和快装式。

像吉普牧马人和2020这样的纯种越野车，由于前保险杠突出车身，所以有较自由的安装空间，只要把托盘固定在保险杠上，就可以在托盘上直接固定绞盘了。直接安装方式让绞盘暴露，车子看起来充满阳刚之气。

一些人喜欢隐藏式绞盘，安装在车前端下或包在特大号保险杠内的预留位置上。隐藏式绞盘看上去整齐，但也存在一些问题，在使用绞盘时不能看见绞盘线是如何缠绕的。绞盘线在一边堆积会缠住轮鼓，绞盘就会停止工作。在绞盘线绕到轮鼓上时缠住或磨损会削弱绞盘线的强度，绞盘线有可能在使用

中绷断而导致灾难性后果。同时隐藏式绞盘安装在前保险杠之后，限制了接近角并降低了车的前端通过性。安装位置较低而接近地面的绞盘很可能在车陷在沼泽中时被埋在泥浆里，那样你就只能在泥浆中蹚来蹚去地摸索着将绞盘线拉出来、把绞盘遥控线插到被泥浆糊住的插孔内——这恰恰是你最需要使用绞盘的时候。假如你希望自己的车看上去显得更酷一些，那么你可以装隐藏式的；而如果你打算真的去越野，最好将绞盘装在外面你能看得见的地方。

一般车队长途越野旅行时，队内起码要有三辆车装有绞盘，因为在恶劣的自然环境下最少要有三个绞盘才可以运作自如。如果达不到这个要求，那么也不必着急，可以事先在车队每辆车的前后保险杠都安装一个方形接口，这是国际上越野车通用的口径。只要把绞盘插到这个接口上，就能够完成救援，这就是很多车队中常见的快装式绞盘。采用快装式绞盘不但可以节约使用成本，而且对于那些平时并不需安装绞盘的车辆来说还可以

降低不少油耗，另外通用接口还可以做插接拖车之用。

为自己的汽车选购绞盘时，当然要选一个力量大的，但是如果单凭这一条来挑选的话，绞盘可能就会太重，从而影响车的驾驶性和稳定性。要想知道哪种绞盘最适合自己的车，就必须知道自己车的自重，并了解每一个绞盘的特点。建议您不妨参照下面的公式，选择与车较为般配的绞盘：绞盘最大负重＞满载重量×1.5。如果以满载重量为约2700千克的车来算，那么它至少需要一个4000千克的绞盘。

在安装绞盘的时候，有几点需要特别注意。首先现在大多数四驱车都装备有安全气囊，在安装绞盘时很容易损坏安全气囊的感应器。如果你打算安装绞盘，应该确信为你安装的人了解潜在的安全气囊问题。其次就是要确定车辆的蓄电池能否足以应付你新安的绞盘。大绞盘需要耗费很多电，在只有一个蓄电池的情况下，较长时间地使用绞盘很容易会将电耗尽。应该安装更大的发电机或双蓄电池系统，或者两者同时安装。

编者提醒

要想安全顺利地使用绞盘，有些辅助用品也是必不可少的。如手套能安全保护手部；此外，有时还需要带子、U形吊耳、紧线滑轮等。带子是用来固定支点的，一般长度为2米左右；U形吊耳能将钩子与带子及绞盘连接起来；用双线或三线，或改变拖拉方向时，则需要依靠紧线滑轮。

11 防擦条

所谓防擦条，顾名思义，就是防止汽车在移动中与其他物体的摩擦造成伤痕，均安装在车身的最外沿，发生轻微刮蹭后可以适当掩盖伤痕。一般的轿车车身上都会配车身防擦条。以前的防擦条都是黑色橡胶或不锈钢板制成的，与车身颜色不一致，使车缺乏整体感。同色车身防擦条一般使用高强度工程塑料制成，与车身喷涂成一致的颜色，使车看起来整体感更强、更有美感。不过防擦条真正的功能性就有所降低，轻微的刮蹭，都会使防擦条上的车漆受伤，露出底漆，让许多车主不得不经常去修理厂做喷漆美容。

12 汽车贴纸

汽车贴纸源自赛车运动，早期汽车贴纸一般都是赞助厂商的商标和车队的队标等。随着汽车工业的飞速发展，汽车在我们的生活中不仅作为代步工具，还越来越多地扮演起玩具的角色。在这个性化生存的年代，汽车贴纸逐渐成为车主演绎自己个性和品位的一种方式。

汽车贴纸基本可以分为运动贴纸、改装贴纸和个性贴纸三类。

▲ 运动贴纸

主要指赛车运动贴纸，场地赛与拉力赛所用车型和赛道各有不同，汽车贴纸也有相应区别。拉力赛汽车贴纸图案重点突出的是车队的标志及主要赞助商的标志，色彩上配该车队的整体设计风格，以便更好地达到宣传效果。场地赛汽车贴纸常常会见到火焰、赛旗、波浪等动感十足的图案，为赛车运动增色不少。

▲ 改装贴纸

是指各个改装厂商为在展车上参展或推广新产品，为配合某款车型或产品而专门设计的主题贴纸，绚丽多彩，引人注目。还有很多图案是改装厂的标志和一些改装品的标志，经过一番精心设计和搭配，与改装过的展车相得益彰。

▲ 个性贴纸

依照车主个人喜好和品位，量车定做的个性化贴纸。运动化、艺术化、实用化，各种风格只要看起来和谐美观，可以自由选择搭配，自行设计，打造出自己的风格！

▲ 各种风格贴纸

以模仿赛场上出现过的赛车图案居多，汽车贴纸的图案简洁动感，利用简单的贴纸就可以从自己的爱车上找到一些赛车的感觉，很多人都乐此不疲。艺术风格汽车贴纸常采用流线、几何图形或者动漫人物、卡通动物，也有一些车主喜欢中国传统图案的风格，水墨丹青、书法篆刻、图腾脸谱等图案，车身就是车主表达自己生活方式的T型台。

汽车贴纸的材料主要是可以适应户外条件的PVC户外专用胶贴纸，它要比普通的广告级材料更耐磨、更防UV等，材质和色彩虽然没有服装的面料那么丰富，但是也有普通、夜光、金属反光、激光反光、金属拉丝等很多种选择。

汽车贴纸的位置可在全车上下无所不至，车身两侧、发动机盖、灯眉、裙边、轮毂上，只要在现行法规允许的范围内进行合理的创作，完全可以尽情演绎车主的个性爱好。汽车贴纸并非是年轻人的专利，各个年龄段的人，只要热爱汽车文化、热爱生活，都能从汽车贴纸中发现乐趣。

编者提醒

选择和制作车身贴纸的注意事项：

① 最好是在车辆上完牌照后，再做汽车贴纸，保持车辆原始资料。

② 选择好的贴纸，纸要平滑、亮面的，要软。低档纸制作的贴纸纸硬，没有亮面，看起来纸面上是纹路，这种贴纸贴上去没有任何光泽，并且在除去的时候会毁坏车漆；另外胶质也很重要，不好的胶贴在车身上后会造成车身失去光泽，还会留有胶疤。

③ 更换贴纸时，只要用吹风机将车贴吹热就可轻易撕下了。

④ 车贴贴好后，要避免人为地撕扯。

⑤ 贴纸的更换时间不要超过一年，最好半年到大半年更换一次。原因有两点：

◆ 贴纸使用时间过长以后，被遮住的车身颜色会与未被遮住的地方不一致，爱车很可能成了"花车"。

◆ 贴纸使用时间过长，缝隙中的残渣不易清除。

⑬ 汽车彩绘

首先我们需要将彩绘和汽车贴纸区开，很多人会将汽车彩绘与汽车贴纸混淆，认为汽车贴纸能够达到与彩绘同样的效果，其实它们是不同的。首先，汽车彩绘与传统的汽车贴纸有着本质的区别。汽车贴纸是附着于汽车车漆表面的粘贴物，而汽车彩绘是把图案喷绘在车漆上，达到浑然一体的效果。其次，因为汽车贴纸制作、加工时受到材质的限制，不能完全实现车主的要求，而汽车彩绘完全以车身表面为载体，通过对油彩的完美运用可将车主的个性想法发挥到极致。

许多欧美国家在20世纪七八十年代，汽车彩绘就已经开始流行，几乎所有改装车的车身都涂有个性十足的彩绘，包括一些没有改装的车辆也都不同程度地进行了车身彩绘。如今，汽车彩绘已经在全球范围内得到广泛推广，并且汽车彩绘的技术水平和艺术水准都有了更大的发展。汽车彩绘的内容也更加个性十足，甚至夸张。

汽车彩绘按照有效时间可分为永久性彩绘和临时性彩绘。

▲ 永久性彩绘

为了让彩绘作品能够长期驻留车身，在进行彩绘前需要将车身表面的清漆保护层打磨掉，然后使用遮蔽物将不需要喷绘的地方遮蔽，并使用专用清洁剂对将要进行彩绘的车身表面进行清洗。完成以上准备工作后，专业人员就可以开始进行喷绘了。喷绘完成后，需要在彩绘作品表面再次喷涂清漆，并进行烤漆，这样彩绘作品可以在车身表面维持5年以上。

▲ 临时性彩绘

临时性彩绘是指在不破坏汽车的原有漆面的前提下，利用特殊的颜料直接在车身表面进行喷绘。这种彩绘颜料色彩艳丽、立体突出，并且色彩过渡自然丰富，还能够防雨水。在无人为破坏、磕碰的情况下，彩绘效果可保持1~3个月，并且清洗容易，可随时更换图案。这种汽车彩绘方法比较适用于新车展示、婚车彩绘及车身广告彩绘等。

若按照技术的地域性分类，汽车彩绘又可以分为欧美模板彩绘技术、日本直喷彩绘技术、港台彩绘技术和俄罗斯复杂彩绘工艺。

▲ 欧美模板彩绘技术

模板彩绘是彩绘的初级技术，在欧美地区兴起较早，经由几十年的发展已自成体系，但模板技术存在诸如边缘生硬、过渡不均匀以及容易漏色跑漆等缺点，并且没有一定美术基础或不经长期训练很难掌握。

▲ 日本直喷技术

直喷彩绘技术作为日本彩绘的代表技法在世界彩绘业内享有很高的声誉。采用该

▲ 港台彩绘技术

港台式技术特点灵活多样,技术技法交错,适于绘制抽象拉花等图案图形,是目前国内彩绘业的新风格。

▲ 俄罗斯复杂彩绘工艺

汽车彩绘起源于南美,发展于欧美,但目前最具影响力、绘制效果最为精细复杂的彩绘技术却来自俄罗斯。俄罗斯是传统的艺术大国,绘画也是他们的强项。彩绘作为一种新的艺术形式在俄罗斯得到了更大规模的发展。俄罗斯复杂彩绘工艺的特点是,可以通过简单易学的工艺流程,绘制出层次感和空间感强烈、造型逼真细腻以及构图严谨复杂的超写实图案。因此,俄式彩绘工艺被誉为彩绘艺术的最高境界。

技术喷绘的作品色彩细腻、过渡均匀且造型逼真。该技术不仅可以作为一项独立的彩绘技术进行实际绘制整车,也可以弥补模板技术在绘制图案时的不足。

编者提醒

虽然个性得以张扬,还是要遵循相关的法规。根据目前《机动车登记规定》,车身除不得有广告喷绘外,车身喷绘还不得在第一视觉上改变车辆原有底色。如果车身颜色有大面积更改,必须在10天内到车管所申报。

第四章 汽车内部升级

内饰改装可能是改装率最高的项目之一,对于汽车内饰改装而言,什么样的风格取决于车主个人,但不管选择怎样的风格,内饰用品在选择时色调、材质要协调。

1 光触媒

随着人类物质文明的提高，汽车不断地增加，废气污染、甲醛污染、苯污染、霉变等是困扰人类生存环境的重大问题。经过科学家不懈地努力，把"光触媒"技术从实验室带到了实际应用中。只要车内经专业人员使用专用设备喷涂光触媒，在阳光的照射下，便能对区域内的空气或物体表面起到杀菌、脱臭、防霉、净化的作用。

在汽车、办公场所等各个领域广泛应用光触媒的杀菌、脱臭、净化废气、自净、防霉等功效早在30多年前就被日本科学家发现，经过长时间的技术攻关，日本在此领域已成为技术水平世界领先的国家。用车环境的提高是汽车厂家和车主的一贯追求，光触媒技术在日本被成功应用于汽车抗菌净化处理上，成为最新的车辆净化工具。同时，光触媒可以主动地净化废气，这对长时间驾车的现代人来说是一种福音。使用光触媒处理的车辆，车内的空气往往比车外的要更洁净、更安全。因此备受汽车行业关注。例如，日本营业用车辆每月都要进行一次消毒工作，但是使用光触媒处理后的车辆，在5年内不必再做任何消毒工作。在日本，已有数万辆的汽车接受过光触媒处理。新车出厂前使用"光触媒"处理，可以有效除去新车刺鼻的味道，大大提高车内环境和驾驶感受。

可避免的物理特性,能更牢固地将人固定在座位上,去体会更大的车辆极限。在面对同一个弯道的时候,能以更快的速度通过。

很多车主在买车的时候,其实并不知道真皮座椅和绒布座椅各有什么优缺点,只是觉得真皮座椅会更高档一点。其实,真皮座椅除了具有好打理、观感高级的优点外,缺点也是明显的:冬天冷,夏天烫。而改装真皮座椅,首先必须学会识别。识别真皮座椅的方法与识别皮鞋或皮衣近似。一是看:观察皮革的纹路是天然的还是整齐划一的,上面有无皱褶和毛孔。如果过于光亮整齐,就可能是合成革。二是闻:有无天然皮革特有的气味。三是摸:感觉是否发涩,按压时是否出现皱褶等。

② 座椅

汽车座椅是车厢内占用面积最大、使用率最高的部件,选装时一要考虑美观,二是考虑实用。改装座椅一般分为两种,一是改装成跑车座椅,二是改装的较多的加装真皮座椅。

▲ 改装座椅应该满足以下四点要求:

1)头枕和后脑保持约1寸的距离。

2)将椅背和椅面的夹角调整到约110°的时候腰部支撑必须感觉到安定,但不能压迫到背部。

3)椅面前端与膝盖内侧保持约三个手指头的宽度,使脚部能轻松灵活地踩放踏板。

4)在背不离椅的情况下手掌必须能灵活地操作方向盘。

提升爱车的操控性,不外乎是换上硬一点的减振器、刚度大的弹簧、抓地力强的轮胎等。以力学的角度来看,这些硬件只不过在做抵抗离心力的功而已,车辆的失控、打滑都是抵抗不了离心力的作用而产生的现象。而一张包覆性好的座椅,有助于抵抗上述无

编者提醒

学会保养真皮座椅。选择不同等级的皮椅,寿命并不会相差很多,唯有定期保养才是延长皮革寿命的好办法。在保养之前,首先要了解皮质的特性,皮革依种类的不同,对光的反应不一,但不论何种皮革,都不该暴露在阳光下太久。皮革应定期上油保养,常保皮质柔软有弹性,不易发生龟裂、褪色、变质的现象。保养期可以间隔3~6个月,须视实际使用状况而定。

③ 座套

座套的选择很重要,因为它是汽车内饰最显著的部分,对整个汽车的装饰风格起着决定性作用。目前在市场上汽车座套有相当大的选择空间,各种材质、各种花色的座套品种繁多。大致可分为以下几种。

▲ 混纺座套

这种座套的最大好处在于易于清洗,脏了只要拆下来放进洗衣机就行;而且它还非常结实耐用,不易磨损。可以根据个人喜好或是爱车的整体风格来进行选择。

▲ 纯毛座套

这种座套摸上去手感非常柔软,能为车增添不少舒适度。纯毛座套的透气性良好,不粘身,利于汗液的挥发。但清洗时就麻烦一些,必须送去干洗。

▲ 帘式座套

一般是由竹制品或硬塑料制成,选用它就相当于在车内铺上了一层凉席。夏季使用,会给人带来分外清凉的感受。如果车空调性能不佳,那么这种座套更是最佳选择。

这几种座套各有利弊。混纺座套结实易清洗,但手感较硬较粗。它的优势在于价格相对来说比较便宜,普通人都能接受。用一段时间腻了,再换也不太心疼。纯毛座套柔软舒适但价格较高,且清洗保养起来还要费时费钱。

编者提醒

夏天天气热、湿度大,车内容易受潮而产生很多真菌。尤其是座椅内的海绵减振材料最易吸收潮气而被污染。所以为了保持座椅干净,应该及时更换、清洗座套,如果有条件的话,最好准备两套座套轮流使用。

④ 音响

一般售价在10万元以下的轿车,出厂时都只是装配了一套仅能满足基本视听的音响设备,这对于耳朵挑剔的消费者来说显然会有些失望。所以,首先我们就要给那些既要享受动听音乐,又不想花费太多的消费者支一招。

其实大多车主常听的都是节奏感较强的流行歌曲,这类音乐对扬声器的低音要求会高一些,而这也正是大部分原厂音响自身不足的地方,因此消费者可以考虑升级一下后部的低音扬声器。

如果扬声器的改动还不能满足您苛刻的耳朵,那就只能升级一下主机部分了。首先要分析一下爱车主机的输出功率是否够用,大多数10万元以下的经济型轿车碟机输出功率都较低,这时可以通过加装功放来改善音质。不过加装了功放的车要注意不能在熄火状态下长时间收听音乐,否则会加大蓄电池的消耗,严重的还会造成无法起动爱车。此外,一些不负责的商家改装功放时并不会全面考量车辆的电器系统负荷,容易给自燃埋下隐患。

据调查,很多车主的汽车音响改装知识十分欠缺,正是因为相关知识的缺乏和经验的缺失,使得不少车主盲目实现自己对汽车音响的改装想法,采用了不正确的方式方法,反而导致汽车的音响改装效果不尽如人意。主要因素可以概括为以下几点。

▲ 占小便宜心理

在谈到改装汽车音响时,有很多车主坦言自己并不是专业级的音响发烧友,只希望花一点小钱来改善一下音乐环境和音乐乐感就可以了。于是在选择汽车改装店时往往"什么便宜选什么",把"一分价格一分货"的道理忘得干干净净,导致最终对改装效果不甚满意。

▲ 对所选汽车改装店专业性的错误估计

音响改装首先需要注意的就是电路问题,在对汽车音响进行改装和维修时一定要到具有专业经验的汽车改装店,因为不专业的改装店很可能在改装过程中破坏原车电路,这样不但音响效果没有得到改善,还有可能会影响到车辆保修及一系列的售后服务。因此,在布线时,一定要做到单独布电源线、音频线、信号线,而且线路之间做好屏蔽与保护,做到万无一失。但是对于车主来说,是很难正确判断出一家汽车改装店是否专业的。最好的办法是提前查看对各汽车改装店的推荐与评估,做到心里有数,省去不必要的麻烦。

▲ 忽略汽车改装的升级空间

据了解,很多车主在对汽车音响进行改装时,常常忽略了日后的升级空间。改装音响一般有着循序渐进的过程,大致的顺序是先换扬声器,然后升级功放,再增加低音扬声器,最后更换主机。但是车主们最好是能够预留一些升级空间,日后如若要升级解析力强的主机,就能达到HIFI的音质效果了。如果不预估日后升级空间,待到有升级需求时就会遭遇升级瓶颈。

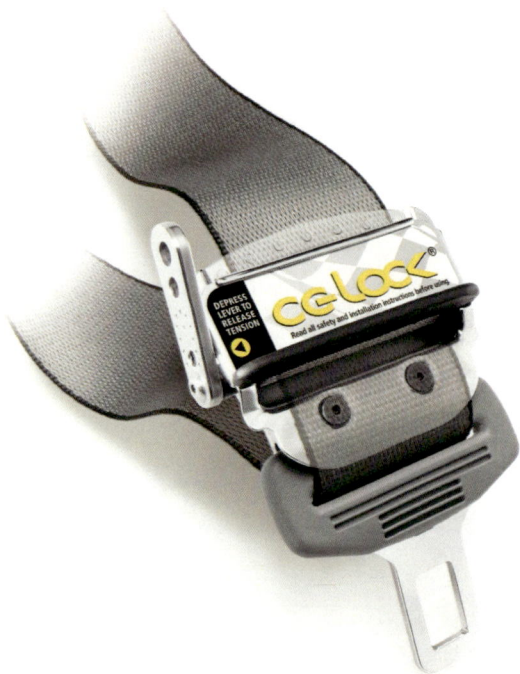

5 安全带

　　赛车的安全带一般要求很高, 不仅材料、尺寸有严格的规定, 就连使用的方法也有要求。这种安全带都为双肩式固定, 加上横在腰部的一根, 非常像日常旅游时背的双肩式登山包。安全带的长短是事先根据车主坐在座椅上的尺寸调好的, 基本上不再调节, 也没有预拉紧装置。车主系好这种安全带后, 与其说是系, 不如说是被绑在座椅上。这样的固定, 如果车辆遭受翻滚和侧滑时, 车主也不会因为剧烈的晃动而导致身体受到伤害。

6 方向盘

如果车主一定要更换新的方向盘，那么，其尺寸最好和原车方向盘尺寸相同，否则影响驾驶安全性。现在很多车主喜欢在原有的方向盘上加装音响控制按键，这样的改装在布线时会影响到气囊的线路，也改变了方向盘原来的结构。

不少人喜欢把自己的方向盘改装成赛车方向盘。改装了赛车方向盘后，因其直径小转动更灵活，在急速转换方向时能让汽车步履更轻盈，指向更准确。而且赛车方向盘不仅灵敏度高，而且手感也更好。因为赛车方向盘上包裹着真皮等特殊的材料，手容易抓握，不易打滑，便于安全驾驶。而且赛车方向盘的外形、色彩也时尚，动感十足。

但是值得注意的一点是，改装成赛车方向盘后原先起到安全辅助作用的安全气囊往往会被拿掉（赛车方向盘没有设置安全气囊）。所以，虽然在提高操控性上达到了目的，但安全保障却失去了，给车主带来一定的安全隐患，得不偿失。

编者提醒

方向盘进行改装后，一般会改变汽车原有的设计结构，如果车辆遇到交通事故而造成驾驶人伤害的，厂商是不负担责任的。

7 踏板

　　踏板改装的要求是要适合脚位。制动踏板应该高于加速踏板,加速踏板稍向左加宽,以便于做跟趾动作。踏板表面只要有防滑设计就行,花巧的形状和颜色并没有什么真正的作用。此外,如果你的车还没有安装固定踏板,即在离合器踏板左边的第四个踏板,你必须赶紧加装一个。这个踏板的作用是用来安置不踩离合器踏板时的左脚,以便在急加速转弯时左脚蹬踏来支撑身体,保持平衡。

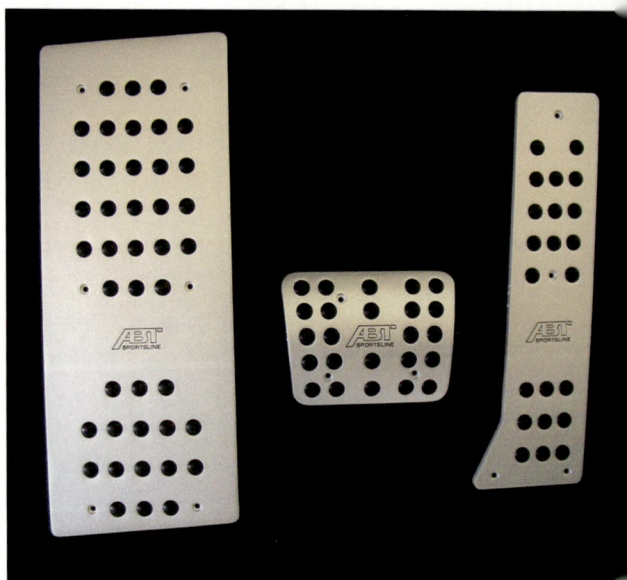

8 变速杆

变速杆是汽车内饰改装的一个画龙点睛之笔,如果换一个变速杆头,也是一种乐趣!用好了可以将汽车内饰整体提升一个档次。如果你喜爱汽车改装的话,那么变速杆头一定要挑选好!通用型变速杆头都是通用的,直接套进去上紧夹住变速杆即可。

第五章
世界著名改装车展鉴赏

① 美国SEMA Show改装车展

与德国埃森改装车展（Essen Motor Show）、日本东京改装车展（Tokyo Auto Saloon）并列全球三大改装车展的美国 SEMA Show，一般于每年的11月初在美国著名赌城拉斯维加斯举行。这个具有美国独特汽车文化氛围的改装盛宴让我们看到了美国汽车后市场及文化的成熟与发达，也让我们感到国内汽车后市场发展的潜力巨大。

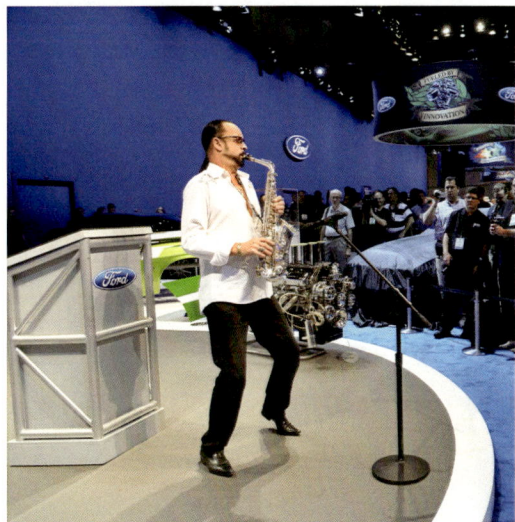

从1967年第一次在洛杉矶举办到今年，SEMA Show已经有四十多年的历史了，展位的面积也由1200多平方米增加到了目前的近18万平方米，近几年每年都有超过2000家参展商和2000多辆改装车参展。

SEMA Show的主题展示区主要有皮卡、SUV及越野车展示区（Trucks, SUVs & Off-Road），竞赛及性能展示区（Racing & Performance），性能轮胎、轮毂及设备展示区（Tires, Wheels & Equipment），商务服务区（Business Services），汽车电子及技术展示区（Mobile Electronics & Technology），翻新市场展示区（Restoration Marketplace），个性改装及汽车养护产品展示区（Restyling & Car Care Accessories），老爷车展示区（Hot Rod Alley），工具和设备展示区（Tools & Equipment），原厂商展示区 OEM）等。

▲ 皮卡、SUV及越野车展示区

美国是全球最大的皮卡、SUV和越野车销售市场,许多与越野车相关的厂商都不会放过这个难得的展示机会。实际上,这个展区也是SEMA Show车展上人气最旺和最具观赏性的,许多车型的改装都已经到了让人叹为观止的地步。特别是一些改得近乎夸张的"大脚"皮卡,几乎一人高的轮胎,密密麻麻、长度不等的悬架部件支撑在轮胎和车身之间,整个车身更是被提升了四五米高。还有一些改得更为夸张,前、后轮的转向、驱动、制动都能够分别控制,这就是美国人的玩法!

而以实用为改装目的的SUV及越野车,虽然单从一些换装的轮胎和轮毂、前后绞盘、保险杠、行李架和喷涂的超酷车身图案,以及同样通过悬架升高的底盘来看,改得五花八门,而且一般的观众对其发动机等关键部件改装的了解还不是很彻底,但它们所用的改装件和改装过程绝对是标准化和专业化的。由此也能看出国内的越野车改装仍是业余,既不好看也不中用。

皮卡在美国十分普及,对于一般的家庭来说,它的实用性也很强。对于皮卡的改装,大多数车主希望的是进一步增强它的实用性,所以一些如车厢盖、行李箱、行李架、拖钩、车厢踏板等产品在这里极其常见,观众关注的也最多。

这个展区几乎占了整整一个场馆,可见美国的皮卡、SUV及越野车市场足以与一般的轿车市场平分秋色。

▲ 竞赛及性能展示区

随着汽车操控性越来越好,发展得越来越快,起源于美国赛车文化的汽车后市场也从20世纪30年代开始发展起来。最初只是为了让汽车更快、动力更强劲,让经过改装的汽车性能更加优越,能参加一些满足大众业余爱好的竞赛或拥有高性能的改装产品,后来却慢慢演变成一种小型的商业行为,而今天则更是引导了整个汽车后市场的消费潮流。

竞赛及性能展示区是SEMA Show中规模最大、时间最长的一部分。展位集中在拉斯维加斯会展中心的中心展厅,可见它在展会上的受重视程度。在这个展示区,从高性能的紧凑型轿车、运动型赛车到一些其他屡获殊荣的车辆,都让人感觉眼花缭乱。虽然这些车辆的外观和内饰同样改得一如国内的花里胡哨,但真正的还是展现在提高竞赛水平的部件上,氮气加速系统、涡轮增压、机械增压、革命性的排气系统和先进的悬架系统,这些才是最具特色的部件。而高性能的部分则包括了一些如车队制服、头盔和最新的安全设备。

在这个展示区,你一定会看到许多车身极大、轮胎扁平率极小、悬架行程极短,趴在地上的车辆,但当得知这些车辆的底盘是可以升降的,你就会见怪不怪了。也许这也是美国人追求的另一个改装极限吧!

这些都与竞赛和发烧友有关,近两年国内在这方面也得到了一定的发展,但只是发展的初级阶段,短时间内不会发展成熟。

▲ 性能轮胎、轮毂及设备展示区

作为最终实现车辆性能的轮胎和轮毂的重要性自然是不言而喻的。而源于美学和艺术的性能轮胎和轮毂也是整个展会中最为时尚的部分。普利司通、米其林、固特异、百路驰等都会推出它们最新设计、最新款式的产品。此外，这里也展示了许多在轮毂盖、电镀及其他相关部件的革新技术，而专为一般轿车、皮卡、SUV及赛车设计的高性能越野轮胎更是让人有一种耳目一新的感觉。

在室外的专业赛道上，SEMA Show也提供了由专业车手驾驶、让观众乘坐的改装车，让观众亲自去感受、测试性能轮胎和轮毂在环形赛道上转弯、防滑、原地绕圈、制动过程中的优良表现。

目前，性能轮胎和轮毂产品在国内有一定的发展空间，但由于国内绝大多数汽车消费者的购买力还没有达到这个程度，所以性能轮胎和轮毂产品要想在国内形成规模，还需要一个较长的过程。

SEMA "GreenRod" Hiboy

▲ 翻新市场展示区

SEMA Show的翻新市场展示区包括了让车辆恢复到原始状态的翻新产品和服务,产品有翻新的原部件和重新生产的部件,而服务更是按照原来标准和样式进行。例如,翻新座椅、座垫都是在原有的针孔上穿线。并且有这方面厂商居然把工作车间搬到了展会现场,从而让更多的客户及观众可以近距离观摩整个翻新过程。我国短期内在这一方面只能保持观望的姿态,因为我国汽车市场还远远没有走到这一步。近年来,翻新市场在美国已经受到了更多的关注,美国一些收藏家对经典车型翻新的投入也大大刺激了整个翻新市场的持续发展。

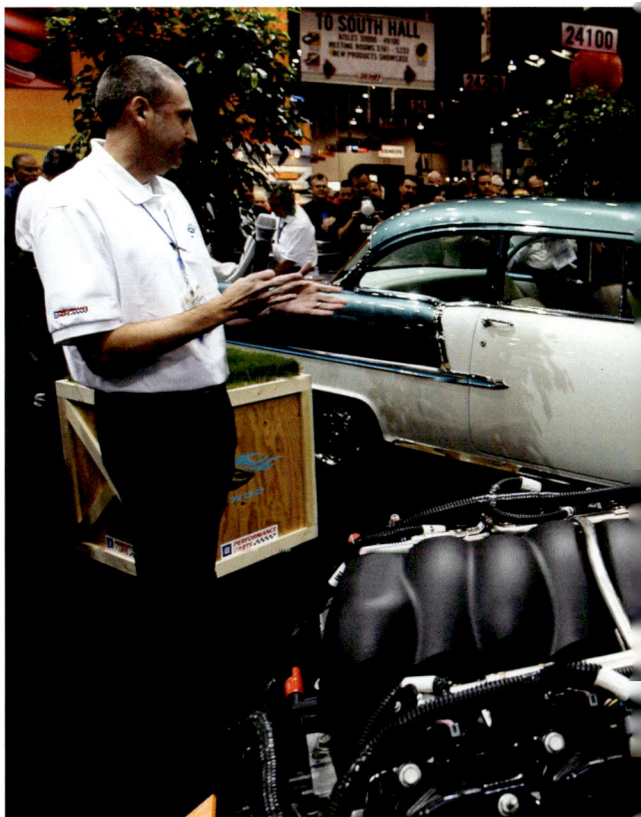

▲ 汽车电子及技术展示区

现在汽车工业的发展对汽车电子产品的依赖性越来越强,这一点在国内汽车改装市场上也可见一斑。因此,这个展示区也已成为了SEMA Show发展最为迅速的一部分。展示的电子产品主要有:导航系统、CD播放机、卫星接收系统、可视系统、车内娱乐产品、辅助灯光系统、车载通信系统、安全系统及雷达探测器等。展会上的产品国内基本也能够见到,在这一方面,我们在技术上已经与美国没有太大的差距,应该说,国内汽车电子及技术产品的发展、普及潜力巨大。

▲ 个性改装及汽车养护产品展示区

很多消费者并不喜欢把自己的爱车进行人多或人专业的改装，他们可能只是希望通过一些简单产品的增添来实现自己独特的生活方式。这些消费者和专业改装没有太大关系，他们追求的是一种时尚外形和某些功能的实现，而该展区的一些改装产品恰恰成为了他们的所需。

这些产品可用于任何车型外观和内饰的改装，主要包括：喷漆、装饰条、车身喷绘、内饰装饰件、后视镜、前照灯、门内侧面板、脚垫、座椅套、真皮座椅、天窗、行李架、保险杠等。

虽然这是一个常规的改装产品区域，但仍有很多的公司参展，而参观的观众更是络绎不绝，因为他们对外观装饰的兴趣远远超过了对性能的改装。同样，随着有车族的不断壮大，我国这一方面的需求潜力也是十分巨大的，近几年这应该是一个发展迅速的市场。

此外，这里还有一些与车辆日常养护相关产品的展示，如车蜡、吸尘器、冷却剂、润滑油、防锈保护产品、抛光产品、润滑油添加剂、燃料添加剂等。我国在车辆养护产品方面也慢慢发展起来了，已经和国外没有太大的差距。

▲ 老爷车展示区

虽然只是汽车市场的一个小分支,但悠久的汽车发展历史和美国汽车文化的深厚底蕴,让老爷车在美国汽车界和一般的消费者中仍保持着很高的出镜率,数百万狂热者一直热衷于此类车的改装和翻新,他们也希望有更多人来分享这种改装所带来的激情。

这些老爷车是SEMA Show上最具创造性和艺术的车型之一。相关部件主要有传统和专业化部件,包括:轮胎、车身、底盘、仪表、铝制散热器、线束包等。这些在20世纪20~40年代生产的老爷车在经过全面的改装翻新后,仍可行驶在道路上,显示其极具竞争力的一面。而这些老爷车的改装者也通过这种展示的方式,让早已熟悉现代车型的观众又回到了那个老爷车专有的年代。

▲ **原厂商展示区**

SEMA Show的举办,进一步拓展了汽车后市场和原厂商的共生关系。现在越来越多的原厂商也开始更加注重SEMA Show对其系列产品的影响力,所以每年在SEMA Show上,它们也相继推出最新的原厂改装车及将要上市的新车。

▲ 商务服务区

SEMA Show与其他车展最大的不同就是它更像一个供求双方洽谈会，买卖双方在这里面对面地进行技术上、业务上的深入交流。而展会组委会专为一些中小参展商和观众提供产品信息、销售渠道资料的商务服务区，这既使买卖双方更加便利地交流、洽谈，也体现了SEMA为帮助这些企业更有效地运作，从而获得最大利润及完善市场网络的价值所在。

▲ 工具和设备展示区

这里的展位面积不是很大，展出的维修所用的工具和设备也不是很多，而且都是比较常见的产品。

美国的汽车改装业已经进入一个多元化、个性化、高科技的时代，这也折射出美国汽车市场的成熟、汽车文化的浓厚和汽车消费的宽松环境。与之相比，近年来随着国内汽车市场的快速发展和人们对汽车消费理念的日渐成熟，国内的汽车改装市场也显示出了很大的发展潜力。据相关调查，国内

40%以上的汽车爱好者都对汽车改装感兴趣。而且汽车也正在逐步脱离代步的纯实用主义阶段，一些年轻的汽车消费者在追求汽车驾驶的舒适性和娱乐性的同时，开始追求一种体现个性、表现自我的汽车文化。而汽车改装正切合了这种精神，这也推动了国内汽车改装及其文化的发展。

不过，目前国内汽车改装由于多方面的原因，要想真正发展起来，还有很长的路要走。虽然出台了一些相关的法规和条例，但还是有许多地方需要完善；并且在改装技术上与国外也有很大差距，所以在改装的专业技术和保证改装车辆的安全方面还亟待改进和提高。

但相信随着国内经济水平及汽车文化发展的更加深入，汽车改装管理的逐渐完善，改装技术专业化程度的提高，国内汽车改装一定会发展成全球最大的改装市场之一。

编者提醒

SEMA协会，全称美国汽车改装用品协会(the Specialty Equipment Market Association)，成立于1963年。成立之初的成员仅限于美国本土的几个汽车制造商和专为早期汽车赛事提供配件的汽车零部件供应商。但是随着美国汽车后市场的繁荣和成熟，SEMA协会也随之壮大起来。现在，SEMA协会的成员已经超过了7000家，其中包括了欧、美、日、韩、澳等地著名的汽车制造商和汽车零部件供应商。近几年，也有一些国内的相关企业陆续加入。目前，SEMA协会拥有着全球汽车改装市场最权威的研究调查数据、市场趋势预测和增长信息，作为SEMA协会的成员，可以共享这些资料和信息，研究开发出更新的改装车和改装车配件。可以说SEMA协会是全球汽车改装潮流的领导者。

STREET ROD/
CUSTOM CAR

NEW
PRODUCTS

NEW
PRODUCTS

STREET ROD
CUSTOM CAR

NEW
PRODUCTS

NEW
PRODUCTS

❷ 用车轮去攀岩——美国式改装越野Rock Crawling之体验

在美国SEMA Show上,有幸体验了改装越野车的攀岩表演。这与一般的场地越野和长距离的公路或沙漠越野相比起来,显得是那样的与众不同,那样的别出心裁,这就是美国人玩越野的又一种形式——"Rock Crawling"。

在去美国之前,虽然已经查阅了一些关于SEMA Show的相关资料,对该展会的情况也有了大致的了解。但当亲身经历SEMA Show时,还是被如此独特另类、标新立异的改装车展所折服。以至于回国后很长的一段时间里,不用说北京街头的一般车辆,就是以前花专门时间求一饱眼福的国内改装车,都觉得无法与此相提并论。

在各类车型的改装展区中,最吸引人眼球的依旧是越野车展区。同行的一位对国内越野有着深入了解的记者在此展区转了将近两天仍觉得没有尽兴!在这令人眼花缭乱的越野展区中,一种被称为"Rock Crawling"的攀岩越野形式让我们有些瞠目结舌,而此种越野形式在美国早已蔚然成风了。

美国的汽车文化的确已经深入人心,对汽车的玩法当然也要玩出花样、玩出自我的个性。所以不管是著名的巴黎—达喀尔拉力赛,还是亚洲的雨林挑战赛,都无法进入美国人的视线。而在这众多的玩法中,除了早已熟稔的大脚皮卡越野和闻名遐迩的鲁比科赛事外,这次与"Rock Crawling"的亲密接触让我们更加有了如此的体会——"美国佬"就是"美国佬",他们实在是太会玩了!

在拉斯维加斯SEMA Show看到的"Rock Crawling"表演是在两座人造岩石上进行的,据说在美国还有一些人为了寻求更大的刺激,竟然开着改装好的越野车去攀越天然的岩石。在美国,现在也有专门的"Rock Crawling"赛事,其中最为出名的是基本能代表全美攀岩越野最高水平的美国攀岩越野挑战赛(United Rockcrawling Offroad Challenge)。

用来进行"Rock Crawling"的越野车可谓是真正的改装产品了,完全是根据车手的自我要求而设计加工出来的。既有只能容纳车手一人的小型车,也有两人乘驾的稍微大一点的车。为了能达到良好的攀岩越野通过性,攀越极其复杂的岩石地形,首先当然要有较高的离地间隙;其次长达1米以上的减振器和螺旋弹簧让悬架行程变得特别长;为了适应岩石上扭曲的地形,前后轴的交叉夹角的特别设计也是必不可少的。如果要通过一块巨大的岩石,前后轮分别位于岩石两侧并被悬空时,车身前后的绞盘的另一项出乎想象的功能——用来增大或降低前

后悬架就发挥作用了：长长的悬架在绞盘的作用下，放大行程后，车轮就自然着地，有了附着力，从而轻松通过岩石。同时，一款匹配的5.0升以上大排量发动机经过专门的调校后，低转速大转矩的特性就让车辆在攀越岩石时显得更加从容自如。此外，其他一些如前后轮分别制动、前后轮分别转向、差速器锁的设计以及几乎占到车身一半、胎面粗而深、扁平比巨大的"大脚"轮胎的使用更加提升了攀岩时的性能。

我们几个同行者也有幸玩了一把"Rock Crawling"，真真切切体会了该项越野的刺激。由于该项越野的危险程度较高，乘坐前车手会先详细讲解乘坐时的安全注意事项，如一定要系紧特制的安全带，戴好安全帽，而且手要紧紧抓住自己的座椅，千万不能抓防滚杠等。此外由于车辆没有车门，所以出入驾驶室只能是爬进爬出。由于所要攀岩路线的倾角很大，所以在整个过程中，无论是上坡、下坡还是侧倾攀岩时，一会只看到了蓝天，一会又是面对地面，一会又是侧身倾斜。我的双手一直牢牢抓着自己的座椅，而眼睛却始终看着车手的操作。因为在通过每一个障碍时，车手都会根据不同的地形而不断地调整前后轮的方向、悬架的高低，差速器锁的使用和前后轮的分别制动，都是为了让动力达到最佳的分配。另外，车外的一位车手还不断地观察着各个车轮的附着情况，通过手势和语言交流告诉车手，以便让车手及时调整和校对不正确的操作。有的地段让车身侧倾得太严重时，车外的那位车手还要在车的另一侧紧紧拉着一根绳子，防止车辆有侧翻的危险。玩下来感觉就是非常的刺激。我在这些车手中看到了一位英姿飒爽的女车手，而同行的一位女士在玩完一圈的时候，居然还想再来一圈，看来此项运动的确非常具有吸引力、刺激性和挑战性！

其实"Rock Crawling"是美国民间自发组织的一个越野运动项目，目前参与的人越来越多。也许有了赞助商的赞助，并且电视台也会经常转播，才使得这项运动发展下去。我们认识的一位车手迈克，是在四年前开始参加该项目的比赛，目前已经是全美最好的十对"Rock Crawling"车手之一，他就希望新的一年里取得更好的成绩，以求获得更多赞助商的赞助，进而将改装越野进行到底。

SEMA Show上的任何一辆改装车到了中国都会引起轰动，更别提"Rock Crawling"这样的玩法。另外，在美国的汽车杂志和电视中也看到了另一种被称为"Sand Sports"的沙地越野。这都是在美国健全的汽车法律法规和深远的汽车文化背景下造就的。而相比之下，国内的汽车文化和汽车改装之路还是任重而道远。对国外改装发展的充分了解才能让国内的读者知道车究竟能够改成什么样，玩车究竟还可以玩成什么样。

③ 德国埃森改装车展

　　德国埃森改装车展(Essen Motor Show)素有欧洲的SEMA Show车展之称，是欧洲最大的汽车改装盛会，其知名度丝毫不亚于其他世界级的改装车展。

　　在各个不同的展览馆中，可分为汽车厂商区(Automobiles)、改装厂商区(Tuning)、老爷车区(Oldtimers Classic Cars)、ADAT赛事综合展览馆与展览中心(Show Center)等几大区。在汽车厂商区中，除了可见到各车厂近期将在德国当地推出的最新

量产车型，还有许多原厂技术支持改装的车型。在改装厂商区则可以看到更多构思奇特、标新立异的改装产品。

汽车工业发达及专业改装盛行的德国，同时占有地理优势，在埃森改装车展看到众多欧洲知名汽车改装商带着他们的最新力作齐上阵的场景也就不足为奇了。此外，这里也是一个改装车迷的盛会，每次车展都会吸引众多的改装车迷到会参观，也使得展会停车场成为全球最大的私人改装作品展示场。

已拥有四十多年举办历史的埃森改装车展(1968年首届举办)虽然算不上国际大型的车展,但在德国的地位仅次于法兰克福国际车展。这也让埃森这个德国的中西部城市成为每年年底改装车迷们聚会的圣地。

最近几年的每届展会都会有20多个国家的展商参加,参观的人数达到了50万。改装厂商展示他们的最新改装力作。而汽车厂商则也借此机会展出了各自的主流车型,一般最新上市的新车型几乎全都会在这里汇集,观众们也可以方便地进行咨询和比较。而在改装公司的展台则可以买到价格优惠的改装部件等。此外,可供珍藏的各类汽车模型、旧汽车杂志、各种相关工艺品等也是应有尽有。

尽管如此,各个公司在展车和展台布置上也是用心良苦,加之各种小型的表演好戏连台,因此无论是在视觉冲击上还是在视觉享受上都能让人收获颇丰。

埃森改装车展的另一大特点就是让人感到参观者的参与性很强,或者说这个车展的市场性很强。从某种意义上来说,每年的埃森改装车展都会向关注它的人们精彩地演绎当年欧洲大陆上的改装流行趋势。

④ 日本东京改装车展

日本的改装代表了亚洲改装的最高水平，而一年一度的东京改装车展自然也是亚洲改装界的盛会。

东京改装车展一般于每年的年初在日本东京西北部的千叶县举行，众多的改装厂商会在展会上展示上千款外形独特、风格迥异的改装车型，也吸引了许多专业人士和汽车改装发烧友前往。

于1983年开始举办的东京改装车展是日本每年举办的几个改装车展中的一个，车展的宗旨是在市场多元化的时代背景下，展示出各种独特需求的、独一无二的改装车。由于日本的汽车改装产业较为发达，而且东京改装车展所处的地理位置优越，所以其现在的规模和影响力已经与美国拉斯维加斯举办的SEMA Show和德国举办的埃森改装车展相差无几，并被称为世界三大改装车展之一。

在东京改装车展上，各个场馆会分别展出整车、音响、汽车改装配件等的最新作品，许多展位均由车厂的改装部门或者御用改装厂商占据，几乎能在日本甚至亚洲地区叫得出名字的知名品牌悉数上阵。展出许多让人辨认不出原车型的"狂改型"车，轿车、跑车、摩托车甚至皮卡的改装版随处可见，原厂改装车如日产SKYLINE的GTR、斯巴鲁的Impreza翼豹、三菱的EVO等传世之作经改装后纷纷登场。例如专为本田车改装的无限MUGEN，丰田的TRD，斯巴鲁的STI、HKS等改装厂商则使出浑身解数，不时在展位上进行各种演出并有亮丽的车模摆出各种"Pose"，打造出一场极富运动感和青春活力的改装车展。

汽车改装有相当长的历史。汽车改装文化源于赛车运动，从最早只针对于提高赛车性能的汽车改装，到现今发展成为普通车迷的一种汽车时尚。世界各国的改装行业如同汽车工业发展程度一样高低不一，也直接反映该国的汽车行业水平。作为亚洲汽车改装技术最为发达的国家，日本拥有最先进的机械及电脑技术，改装后的汽车具有相当高的实用性和可靠性，某种意义上体现了汽车制造行业的水平。目前，在日本最流行是改装原厂中低排量的车型，通过安装增压装置和其他提升动力的部件变成极速机器的改法，足以令大排量车主在高速公路上看到他们从身边风驰电掣般驶过而瞠目结舌。

第六章 世界著名汽车改装品牌介绍

按照地域来区分,德国、日本和美国涵盖了所有门类的改装。而按照改装的内容来分析,可以分类为厂商改装品牌、综合类改装品牌以及单一改装品牌三大类。厂商改装品牌顾名思义,就是我们常说的某某汽车厂商"御用改装品牌"。

1 德国改装品牌

▲ AMG

　　AMG是国内许多改装迷都熟悉的奔驰改装品牌，但对于它的历史知道的人却很少。1967年，Hans Werner Aufrecht和Eberhard Melcher在德国一个名为Grosaspach的小镇上开始了他们的改装事业，AMG就是Aufrecht、Melcher和Grosaspach的第一个字母的缩写。Aufrecht曾经在奔驰公司做过发动机测试、调校工作，所以对于奔驰的发动机了如指掌。

　　就像许多欧洲的改装厂一样，AMG刚开始时的业务都是以改装赛车为主，而改装民用汽车只是它的副业。1971年，AMG改装的奔驰300SEL6.9 AMG在比利时斯帕24小时耐力赛上获得了第二名，之后它就一直得到了奔驰公司的青睐。1988年，奔驰公司正式与AMG合作改装了当时称霸DTM赛道的奔驰190E2.5 16V EVOLUTION赛车，并横扫DTM赛事。

　　1993年，AMG正式成为奔驰公司下属部门，并首度推出可以在全球奔驰销售网内销售的奔驰C36。1999年，奔驰全面收购AMG，从那时起，AMG便成为了奔驰车厂下的高性能街车改装部门。不过需要提醒的是，现在的AMG并不是奔驰公司的赛车部门，因为AMG本身是没有赛车部门的，现在我们所见的挂着AMG品牌的赛车，其实是由AMG的创办人Hans Werner Aufrecht另外成立的一家名为HWA GmbH的公司所改装，然后再以AMG品牌出现的。

▲ 宝马M

　　1972年,宝马成立了Motorsport GmbH 分公司,主要负责宝马公司的赛车和高性能车事务,1993年改称为宝马M部门。宝马M部门自诞生起就是宝马集团内部的一个专门机构,目的在于让宝马的产品更加宝马!"

　　经过宝马M部门改装的车型,动力和操控都是一流的,但外观却并不追求强横。并且动力也是一贯讲究突出自然吸气发动机的终极境界,不加装任何增压器。这也让宝马M部门的产品更加纯粹、纯正。

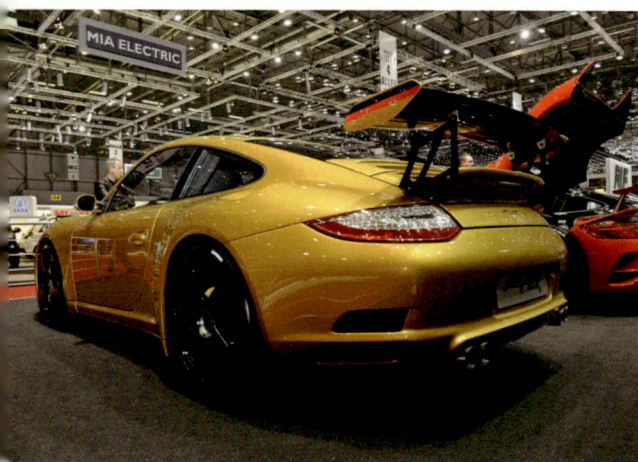

▲ Ruf

保时捷是一家长期只专注生产跑车的公司,要对原本已经以性能著称的保时捷车辆进行改装,没有一点真功夫肯定是不行的。作为长期以来针对保时捷进行改装的Ruf来说,如何提高发动机的可靠性是Ruf的专长。根据产品的涵盖面和知名度来看,Ruf的改装更能够说明改装后的保时捷车辆性能有多么"恐怖"。而且Ruf的创始人Dr.Ruf也就是保时捷公司的工程师,从这一层面也能判定Ruf改装的纯粹性。

也许有的保时捷车迷对于Ruf知道的不是太多,事实上,长期以来Ruf所开发的改装套件都是围绕着保时捷Carrera系列的。当然,最知名的改装车型要数针对964Tubo改装的CTR了。

▲ ABT

ABT可以称得上是目前国内改装市场上最为家喻户晓的品牌之一了。它起源于德国巴伐利亚开普敦的一家小铁工厂。但是ABT家族血统中天生就被注入了赛车的血液，Johann ABT、Christian ABT都是德国著名的赛车手，获得过无数的冠军头衔。他们父子俩毕生都致力于大众集团车系的改装与开发。

作为大众集团改装第一大厂，ABT长期以来致力于赛车及汽车改装市场，提供动力、制动、悬架、空力套件、轮毂等改装配件、精品及服务，在不失原厂设计的理念下，满足改装车迷对个性化的需求，目前在全世界60多个国家都有代理商销售其独家为奥迪、大众、西亚特、斯柯达及最新的保时捷设计的改装精品及配件，树立了高性能、高品质的口碑。此外，ABT还从事整车改装销售的业务，堪称是同业中的翘楚。

▲ LORINSER

1935年，LORINSER就已经在德国斯图加特成立了，这比AMG和BRABUS的创立时间还要早，可以说是改装业的"老师傅"了。相对上面两者而言，它们主要改装项目都是注重动力方面的提升，而LORINSER的主攻对象，就是奔驰的内装外饰及悬架和制动系统！

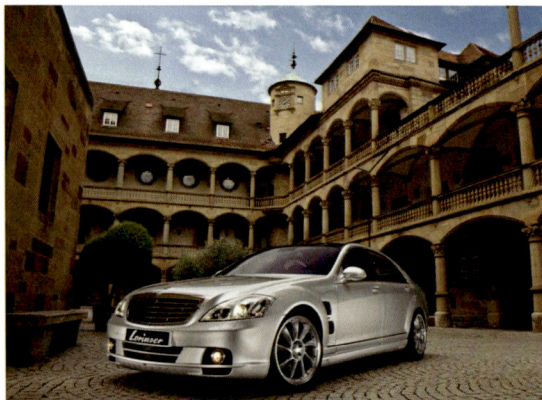

LORINSER是奔驰的"时装设计师"，就是因为它专注于"时装"这个概念，凭借着它那份创新精神，为奔驰汽车一次又一次换穿上时尚、优雅、高贵的新衣，这一切都赋予奔驰轿跑车难以抗拒的十足魅力！LORINSER所做的这一切，令它在多家奔驰御用改装公司中的成绩显得最为突出，并在世界的改装行业中得到尊重和认同！

▲ HAMANN

HAMANN的全称是"HAMANN MOTORSPORT GmbH"。HAMANN的创始人理查德·哈曼先生曾经在宝马M1、DTM以及Formula3这些赛事上三度获得过冠军。1986年，哈曼改装的宝马M3创造出了273公里/小时的最高车速，从此HAMANN品牌一夜成名并开始对海外市场进行开发。现在的HAMANN产品已经发展到了保时捷、法拉利，甚至是兰博基尼，这些世界著名的超级跑车用户都爱用由HAMANN设计的空力套件、合金轮毂和排气系统。

曾几何时，HAMANN在改装迷的心目中简直就是宝马的改装代名词，其知名度已经到了与宝马原厂的改装部门M-POWER GmbH不相伯仲的地步，可见其在宝马迷心目中的位置。

HAMANN的改装覆盖了宝马原厂的所有车型，1系、3系、5系、6系、7系、8系、Z3、Z4、MINI、X3、X5。而HAMANN改装的风格偏向于外观、悬架、发动机的改装，以尽可能地维持宝马原有的驾驶风格为前提，使整体个性更为统一。HAMANN改装发动机最常用的手法是增大排气量，例如一台直列6缸的3升发动机，他们会利用扩缸和增加活塞行程令其总排气量增加，再配合自家发动机管理技术，增大和调整供油量，令功率特别是转矩大幅提升。这种做法可以在最低的风险系数下获得最大的发动机动力输出，而且发动机缸体的耐用性比加载涡轮增压或者机械增压高得多，所以受到德国各大改装商的普遍认同。

② 美国改装品牌

▲ APR

　　APR公司创立于1997年,现位于美国阿拉巴马州。APR的英文全称是Audi Performance Racing。APR公司专门从事奥迪、大众及保时捷等德国大众集团车系车型的高性能提升改装,是现今世界上最前瞻、最专业的大众集团车系高性能改装品牌公司。经历了多年和大众集团共同的研发合作,APR彻底汲取了大众集团车系的精髓,创造出当今世界最顶尖的大众集团车系电脑升级程式。APR的研发实力和产品效果更是得到了大众集团的高度认可和推荐,成为其高性能改装产品的御用品牌。目前。APR的产品覆盖了现今中国市场上大多数的大众、奥迪、保时捷及斯柯达车型。

▲ K&N

自1969年起,K&N即开始为那些对高性能提速表现有着极高追求的汽车和摩托车运动的狂热者设计和制造高流量空气滤清器滤芯。自K&N创立至今,K&N为大部分的主流车型设计制造了2400种空气滤清器滤芯,并为狂热驾驶者设计了500种发烧级高流量进气系统。

K&N不仅仅比同类产品的生产厂家有更齐全的产品线,还是高流量进气类产品的发明者和维护者。除了民用产品以外,K&N还为专业赛车设计过上千种空气滤清器滤芯。K&N的特殊设计不但使空气流量达到一个更高的层次,而且还保证了空气过滤的水平,从而确保了发动机的寿命,同时,原厂车更换了K&N空气滤清器滤芯后功率一般都可明显增大。

❸ 日本改装品牌

▲ TRD

    TRD的全名为Toyota Racing Department，是负责丰田汽车参加赛车的部门。其早年并非叫做TRD，而是由当时的TOYOTA TECHNOCRAFT Co.Ltd部分演变过来的。现在的TRD只是负责赛车的研发，而以前TOYOTA TECHNOCRAFT的工作内容就更为繁多了，如消防车的制造、改装，巴士的改装等，都是该公司的工作。当时那个年代的改装也许指的就是这种。1984年，TRD正式成立，开始了真正的赛车以及改装车的研发，改装件涉及丰田旗下汽车的各个部分和车型。

▲ NISSMO

　　NISSMO改装的日产车在赛车界依赖一代战神——SKYLINE GT-R得以扬名立万。这辆车的全名叫做NISMO R34 GT_R Z_Tune，自从R32 GT-R在本土获得连胜后，日本的年轻人都为拥有一辆R32引以为自豪。这辆2600毫升涡轮增压发动机配备4WD和四轮HICAS系统的日本产高性能跑车成为改装的最佳对象。它拥有367.5千瓦以上的功率，涡轮在超过4000转/分后开始发出爆炸般的动力，"Z_Tune"在此的真正意味就是"终级改装"。

▲ MUGEN

　　赛车发烧友的你，一定都听过"MUGEN"的大名。它与本田联手的"无限"，涉足F1、F3、F-NIPPON、SUPER GT、SUPER TAIKYU等著名国际赛事，为本田乃至日本在国际赛车界写下了无数奇迹，奠定了其在世界赛车界举足轻重的重要地位，就连大家熟悉的CCC也曾经受到"无限"的重视，亲自派人到场视察赛事流程和环境。坐落于东京琦玉县朝霞市的"无限"掌握了当今最高峰的赛车技术，就连SUPER GT GT300级别的法拉利F360也主动要求换用'无限'一手改造的C32B发动机（即本田NSX的发动机）。

▲ RALLIART

三菱车厂的RALLIART是专门负责制作Lancer Evolution这种能够立刻上场竞技的量产跑车的部门。RALLIART的历史并不长，1984年为由三菱自动车转为该厂旗下车辆参加如WRC、FIT等国际性赛事所设立。使得RALLIART驰名世界的当然要数DAKAR RALLY和WRC莫属，RALLIART标识字样的Lancer Evolution以及Pajero在沙漠戈壁、冰天雪地里所向披靡，短短几年中几乎囊括了所有奖杯。随着Lancer Evolution系列在WRC赛事中取得辉煌成绩，RALLIART的改装产品对于三菱汽车的用户来说也成了家喻户晓的改装车的代名词。

▲ MAZDASPEED

MAZDASPEED是马自达的御用改装公司,已经将所有可以涵盖马自达的产品开发完整。MAZDASPEED产品主要是针对Axella、Atenza及M3、M6系列以及准字发动机和敞篷跑车Eunos Roadster所开发的,这些套件包括空气动力、悬架、进排气系统和内饰等,对于制动系统也有一系列的制动片。总体上MAZDASPEED还是一个比较内敛、讲究内秀的品牌。

▲ STi

　　SUBARU TECNICA INTERNATIONAL 是STi的全称。STi也是因为SUBARU制造的 Impreza WRX在WRC上的赫赫战功而闻名的。这台涡轮增压的水平对向BOXER发动机由当初的2000毫升已经进化到了现在的2500毫升,转

矩强劲是水平对向发动机共同的特点。为了满足众多Impreza买家的改装情结,SUBARU在销售链中加入了由STi负责制作的Spec-C版本,该版本使用了更大的涡轮增压器和中冷器,强化了6档变速器,提高了可靠性。针对原来WRX制动系统容易疲软的弱点,Spec-C更换上了BREMBO制动卡钳,提高了制动系统的效果和耐久力,让喜欢改装的用户在提车以后可以立即直奔赛车场。STi的产品也涵盖到斯巴鲁旗下的其他车型,FORESTER、LEGACY都有STi开发的改装件供更换。

▲ HKS

HKS是日本一家相当全面的汽车改装公司，在海外的知名度也非常高。虽然不属于哪一家车厂的附属改装公司，但HKS的所作所为却能让一些厂商御用改装品牌汗颜。HKS最为拿手的绝活儿就是开发后装的涡轮增压器套件。早在1974年，HKS就开发出了日本第一套后装的涡轮增压器套件，如今的HKS涡轮增压器套件系列已经根据客户的需求形成了一个非常丰富的产品网，从简单的涡轮本体到涡轮增压器周边强化的套件全部都有。

④ 世界著名改装品牌网址

▲ 美国改装品牌

APR
http://www.goapr.com
NEUSPEED
http://www.neuspeed.com
Ross-Tech
http://www.ross-tech.com
FK
http://www.fknorthamerica.com
MMP
http://www.momentummotorparts.com
ND
http://www.newdimensions.com
NOS
http://www.nosnitrous.com
Eurospec
http://eurospecsport.com
K&N
http://www.knfilters.com

▲ 英国改装品牌

AP RACING
http://www.apracing.com
Forge
http://www.forgemotorsport.co.uk
W-M
http://www.wheel-machine.com
TURBO TECHNICS
http://www.turbotechnics.com
Superchips
http://www.superchips.co.uk
Pipercross
http://www.pipercross.com

▲ 德国改装品牌

H&R
http://www.hr-spezialfedern.de
ABT
http://www.abt-sportsline.de
KONI
http://koni.de
KW
http://www.kw-automotive.de
BILSTEIN
http://www.bilstein.de
oettinger
http://www.oettinger.de
HAMANN
http://www.hamann-motorsport.de
FK
http://www.fk-automotive.de
Lumma
http://www.lumma-tuning.de
OZ
http://www.oz-racing.de

BBS
http://www.bbs.com
MTM
http://www.mtm-online.de
Wiechers
http://www.wiechers-sport.de
Aerolif
http://www.aerolift.de
WS STYLING
http://www.ws-styling.de
AC Schnitzer
http://www.ac-schnitzer.de
BRABUS
http://www.brabus.de
ZENDER
http://www.zender.de
Carlsson
http://www.carlsson.de
Llorinser
http://www.lorinser.com
ABD
http://www.abdracing.com
ProjektZwo
http://www.projektzwo.de
AEZ
http://www.aez-wheels.com

▲ 意大利改装品牌

brembo
http://www.brembo.com
BMC
http://www.bmcairfilters.com
Caractere
http://www.caractere.com
OMP
http://www.ompracing.it
Supersprint
http://www.supersprint.com
Remus
http://www.remus.at

▲ 日本改装品牌

Defi
http://www.nippon-seiki.co.jp/defi
IDI
http://www.idijp.com
横滨轮胎
http://www.yokohamatire.com
HKS
http://www.hks-power.co.jp

▲ 加拿大改装品牌

AMI
http://www.amimotorsports.com